Tierra, mar y cielo

Tierra, mar y cielo

Itinerario misionero de
san José Freinademetz

José Antunes da Silva

Traducción:
José Pérez Escobar

Editorial Verbo Divino
Avenida de Pamplona, 41
31200 Estella (Navarra), España
Teléfono: +34 948 55 65 11
www.verbodivino.es
evd@verbodivino.es

Título original: *São José Freinademetz. Terra, mar e céu*
Traducción: José Pérez Escobar

Diseño de cubierta: Francesc Sala
Fotocomposición: NovaText, Huarte (Navarra)

Impreso en España - *Printed in Spain*
Impresión: Liber Digital, Casarrubuelos (Madrid)
Depósito legal: NA 249-2026
ISBN: 978-84-1063-246-2
ISBN Ebook: 978-84-1063-238-7

Índice

PRÓLOGO 9

INTRODUCCIÓN 15

1. LA TIERRA 23

   Oies 24

   Bresanona 32

   San Martín 34

   Steyl 38

   Recuerda que te queremos 41

2. EL MAR 43

   Despedirse y partir 46

   Mar abierto 50

   Cruzar fronteras 53

   Hong Kong 58

   El mar ya no existía 63

3. EL CIELO 67

   Shandong 71

Los frutos de la misión 75

La importancia de la oración 78

Liderazgo 83

Persecuciones 90

Todos los recursos al servicio de la misión 93

Votos perpetuos 98

Modelo de inculturación evangélica 102

    Quiero seguir siendo chino en el cielo 106

CONCLUSIÓN 111

NOTA BIBLIOGRÁFICA 117

AGRADECIMIENTOS 119

Prólogo

Al llegar al pequeño pueblo de Oies, situado a los pies de las montañas Dolomitas, destacan dos construcciones en el paisaje. La primera es la antigua casa de la familia Freinademetz, construida en 1739, y la segunda es la iglesia de finales de la década de 1990, en honor al santo tirolés. La primera es, naturalmente, del estilo de Val Badia, mientras que la segunda reproduce el trazado oriental de los templos chinos. Entre ambas hay un pequeño puente, un paso entre los dos mundos de Ujöp, es decir, José, en su propia lengua.

En 2025, la Congregación de los Misioneros del Verbo Divino celebró el 150 aniversario de su fundación, que coincidente con el 150 aniversario de la ordenación sacerdotal de José Freinademetz. La fundación de la casa misionera de Steyl fue el puente que permitió a Freinademetz descubrir un nuevo mundo.

En este contexto, entre cruzar puentes y descubrir nuevos mundos, el padre José Antunes da Silva propone algo más: contemplar el camino, observar la tierra, el mar y el cielo. Nos presenta el viaje del santo tirolés, Ujöp de Oies, de tal manera que el viaje y el deseo misionero de aquel joven sacerdote nos llenan los ojos y el corazón con la misión que traspasa fronteras. Es prácticamente imposible no sentirnos invitados a hacer ese viaje juntos.

Primero, por tierra, para reconocer nuestra propia historia y vocación. Tomando la decisión de partir hacia lo desconocido, aunque este nuevo mundo esté a solo unas horas de distancia. El viaje por tierra exige fuerza y determinación para dar el primer paso y seguir adelante. El autor narra el primer éxodo de Freinademetz desde su mundo familiar en Oies, entre las montañas de Val Badia, hasta la ciudad de Bresanona, como el despertar de una vocación reconocida por otros y asumida por el joven José. Es el momento en que la casa materna parece demasiado pequeña. Al cruzar las montañas, Freinademetz se da cuenta de que su «todo» no es más que una pequeña parte. Y esa noción no solo le acompañará toda su vida, sino que le capacitará para afrontar lo que está por venir.

Ante la llamada a la misión, no hay posibilidad de detenerse en un solo lugar. Es necesario seguir adelante. Así, el agotador camino por tierra da paso al desconocido y lejano mar. José Antunes describe ese viaje mar adentro como el camino necesario para alcanzar el destino. Se trata de una imagen que parece estar en el subconsciente de un pueblo de navegantes como los portugueses, pero que también está llena de significados bíblicos. Freinademetz cruza el mar y ve su tierra cada vez más lejos. El mar no es el lugar de la misión, sino una etapa necesaria para ella. Es un paso entre dos mundos.

El cielo es la meta y aquí se presenta como la nueva tierra. Otra imagen bíblica evoca la nueva tierra vinculada al nuevo cielo, tal y como se describe en el libro del Apocalipsis. Para Freinademetz, llegar a la tierra de la misión aún no significa cumplir la misión. Hay que poner los dos pies en la tierra para que el cielo se haga realidad. Nos encontramos ante un nuevo tiempo, un tiempo de permanencia.

El autor nos presenta este camino misionero desde el punto de vista de la contemplación, analizando la vida de nuestro santo misionero, la historia de la Congregación del Verbo Divino y las Sagradas Escrituras. En realidad, lo que está en cuestión son la persona, el medio y el contenido de la acción misionera de Freinademetz. La relectura que hace José Antunes es, al mismo tiempo, una síntesis y una invitación a abrazar la vida misionera, tanto para los consagrados como para los laicos asociados a la misión del Verbo Divino. El autor no pretende escribir una obra histórica, sino un testimonio misionero.

El P. José Antunes, que tiene una larga experiencia misionera entre comunidades cristianas en Ghana, África, y con jóvenes universitarios en Portugal, así como en el gobierno provincial y general de la Congregación del Verbo Divino, es la persona indicada para dar su testimonio y compartir su visión contemplativa sobre la vida misionera verbita, en la que José Freinademetz ocupa un lugar destacado.

La frase final del recorrido de Freinademetz debe interpelarnos: «Quiero permanecer entre los chinos». Fueron 56 años de vida y camino, entre la tierra, el mar y el cielo. Sin embargo, la certeza de que el camino fue el correcto llega con el deseo de permanecer en misión. Este es el desafío al que nos enfrentamos cada uno de nosotros, misioneros del Verbo Divino. Llegar al punto de decir: «Quiero permanecer en misión». Permanecer en estado de misión, independientemente del lugar en el que nos encontremos. Permanecer en misión es una gracia que Freinademetz alcanzó. Creo que, a los ojos del autor, esta gracia se extiende a todos nosotros. Que este recorrido de vida transcrito en este libro nos anime con espíritu misionero en este Jubileo de los 150 años de la Congregación del Verbo Divino y del inicio del ministerio sacerdotal de san José Freinademetz, el misionero feliz.

Anselmo R. Ribeiro, SVD
Superior General

Introducción

El 20 de abril de 1879 llegaron a Hong Kong los primeros sacerdotes misioneros del Verbo Divino, João Baptista Anzer y José Freinademetz. China era la primera misión que la Iglesia confiaba a la casa misionera fundada en 1875 en Steyl, Holanda, por Arnoldo Janssen, un sacerdote alemán. En los años siguientes, otros misioneros de Steyl –sacerdotes, hermanos y religiosas– partieron hacia China, siguiendo los pasos de aquellos dos pioneros. José Freinademetz nunca regresó a Europa: permaneció en China hasta su muerte en 1908, dedicando su vida al servicio de la proclamación del Evangelio. Su entrega total a la misión y su amor genuino por el pueblo chino siguen siendo hoy en día una inspiración para muchos cristianos. Es un modelo de misionero para nuestros días, ya que supo traspasar fronteras geográficas y barreras culturales para estar cerca de grupos y personas diferentes. La Iglesia no tardó en reconocer sus virtudes y santidad. El papa Pablo VI lo beatificó el 19 de octubre de 1975 y Juan Pablo II lo canonizó el 5 de octubre de 2003, incluyendo su nombre en el canon de los santos.

José Freinademetz fue ordenado sacerdote en 1875 en su diócesis, Bresanona, en el Tirol, que en aquel momento formaba parte del Imperio austriaco. Desde joven se sintió atraído por la vida misionera y, tan pronto como supo que un sacerdote alemán, Arnoldo Janssen, había abierto una casa en Holanda para preparar a futuros misioneros, José se puso en contacto con él. Tras unos meses en Steyl y solo cuatro años después de su ordenación sacerdotal, llegó a China lleno de entusiasmo misionero y fervor apostólico. Arraigado en la cultura de su Tirol natal, profundamente influenciado por la religiosidad católica y formado según la teología de su tiempo, Freinademetz pronto reconocerá que necesita recorrer un largo camino de acercamiento y adaptación a las costumbres y tradiciones de China para comprender la mentalidad de los chinos y poder así trabajar más eficazmente al servicio del anuncio del Evangelio.

Al partir hacia China en 1879, Freinademetz tenía un único objetivo: «salvar almas para el cielo». Sin embargo, poco después de llegar, reconoce que necesita tiempo para formarse una opinión sobre los chinos: «Por ahora no quiero decir nada sobre nuestros chinos, su disposición, carácter y costumbres. Llevo muy poco tiempo en China para emitir un juicio». Dos años después de su llegada a China, escribe: «Como si despertara de un sueño profundo, de repente me vi en un mundo completamente nuevo, ¡y qué mundo! Todo ha cambiado, y yo también». En otra ocasión, en una carta a su amigo y benefactor, el tejedor Francisco Thäler, escribe con un fino sentido del humor:

> Es extraño andar siempre con la cabeza desnuda, como un ladrón. Cada ocho o quince días hay que afeitarse la cabeza, como vosotros hacéis con la barba, y luego hacerse una trenza que nosotros llamamos cola [de caballo]. Ah, mi querido tejedor, si pudiera visitarte una vez con mi cabeza de chino: ¡qué risa! Pero así es como debemos dejarnos tratar, para ganarlos más fácilmente para el Sagrado Corazón (23 de julio de 1880).

Con el paso de los años, Freinademetz comprendió que para anunciar a Jesucristo era necesario pasar por una metamorfosis completa, sobre todo interior. Comentando el hecho de vestirse ya como los chinos, escribe: «La tarea más importante aún está pendiente: la transformación del hombre interior. El estudio de la mentalidad china, de las costumbres y usos, del carácter y las actitudes, todo esto no es cosa de un día, ni de un año, y no se logrará sin una operación dolorosa». Esa dolorosa operación, que intuyó que era necesaria ya en los primeros contactos con el pueblo chino, consistió en un largo y persistente proceso de inserción en la cultura y la mentalidad chinas, lo que le llevó a abandonar los estereotipos y prejuicios europeos hacia otros pueblos que eran comunes en aquella época. Años más tarde, en una de sus cartas, confiesa: «Los chinos son un pueblo maravilloso que posee excelentes cualidades y virtudes... Amo a China y a su gente y mil veces desearía morir por ellos... quiero seguir siendo chino también en el cielo».

Este libro no es una biografía más de san José Freinademetz. Quien desee conocer su vida, sus actividades apostólicas, su pensamiento y su espiritualidad, tiene una excelente fuente en la biografía escrita por Fritz Bornemann. Mi objetivo es muy sencillo: destacar algunas características de la personalidad de José Freinademetz, resaltando la progresiva transformación interior que fue moldeando su forma de entender una cultura diferente a la suya; resaltar las bases humanas y espirituales que le daban fuerza para afrontar las dificultades; y mostrar cuál era la razón profunda que daba sentido a su vida y a su vocación misionera. Para alcanzar este objetivo, me atrevo a contemplar su vida como un viaje entre la tierra y el cielo, entre su Tirol natal y su amada China. Sin embargo, entre la tierra y el cielo está el mar, que tuvo que cruzar para llegar al campo de la misión. Su vida fue un viaje de la tierra al cielo, un viaje de crecimiento en la fe, entrega a la misión y amor al pueblo chino.

Esta propuesta, sin duda discutible, consiste en interpretar la vida de san José Freinademetz como una sucesión de pasajes, un viaje que se desarrolla en varias etapas. En este sentido, podemos leer su vida según el esquema hermenéutico propuesto por antropólogos como Van Gennep y Victor Turner, quienes interpretan la vida humana como una sucesión de pasos rituales. En el libro *Los ritos de paso*, Van Gennep señala que los ritos de paso, a lo largo de la vida, están presentes en todas las culturas: «La vida de un individuo, independientemente del tipo de sociedad, consiste en pasar sucesivamente de una edad a otra y de una ocupación a otra». Por su parte, Victor Turner sostiene que los ritos de paso tienen una estructura tripartita: ritos de separación, ritos de marginación y ritos de incorporación. El primero incluye ritos que marcan la separación del individuo con respecto a su estado anterior, el segundo abarca el período en el que el individuo, aunque ya no desempeña su antiguo papel, aún no ha entrado en un nuevo período existencial o función social. Es a través del tercer conjunto de ritos, los de incorporación, que el individuo se reintegra en la sociedad, asumiendo un nuevo estatus y una nueva función. Ejemplos de ritos de paso son, en algunas culturas, los ritos de iniciación a la edad adulta o el matrimonio. En el cristianismo, por ejemplo, los ritos del bautismo, la confirmación y el matrimonio son hitos importantes en la vida del individuo y de la comunidad cristiana.

Los ritos de paso constituyen un elemento importante en la doctrina y la práctica de las religiones. Entre los ritos de paso más populares y presentes en casi todas las religiones se encuentran las peregrinaciones. Hacer una peregrinación, por ejemplo a un santuario, requiere salir de casa (separación), caminar (estar entre el pasado y el futuro) y llegar (incorporarse a una nueva realidad). En este sentido, podemos comparar la vida de san José Freinademetz con un viaje, con una peregrinación. Esa peregrinación, que le marcó para siempre, comenzó cuando se separó de su querido Tirol natal, de su familia, de sus amigos, de su lengua, de su cultura, de sus paisajes, de su comida, y cruzó los mares en nombre de Cristo, sin saber casi nada de lo que le esperaba al otro lado del mundo. Al final del viaje, China, que al principio le parecía tan misteriosa y hostil, se convirtió en el paraíso donde quería quedarse para siempre.

1
La tierra

Pertenecemos a la tierra en la que nacemos y nos influye la geografía en la que dimos nuestros primeros pasos. Aunque no seamos plenamente conscientes de ello, no es lo mismo haber nacido y crecido en los verdes valles del Miño o en las doradas llanuras del Alentejo, en un pequeño pueblo de Beira o en una gran metrópolis. Y cuando más tarde, por motivos de trabajo o por opciones de vida, nos alejamos de nuestra tierra natal, seguimos íntimamente ligados a ese espacio geográfico donde vimos por primera vez la luz del día y el color del cielo. Siempre nos hace bien volver a ese lugar original, porque también incluye a las personas que lo habitan. En realidad, más que a las geografías, pertenecemos a las personas.

Bernardo Soares, uno de los heterónimos de Fernando Pessoa, es un simple ayudante de contable en una oficina comercial situada en la calle Rua dos Douradores, en la ciudad de Lisboa. El *Libro del desasosiego* recoge los pensamientos, estados de ánimo y emociones que brotan de su rutina diaria. A pesar de vivir en una gran ciudad, el espacio en el que Bernardo Soares pasa sus días es relativamente pequeño, ya que también vive en la misma calle. Allí es donde vive, trabaja, sueña, escribe; esa calle es su mundo. En un momento dado afirma: «esta Rua dos Douradores comprende para mí todo el sentido de las cosas». Y, en otra ocasión, escribe: «Si tuviera el mundo en mis manos, lo cambiaría, estoy seguro, por un billete a la Rua dos Douradores», porque, en el fondo, «siempre seré de la Rua dos Douradores, como toda la humanidad». La Rua dos Douradores es para Bernardo Soares el lugar más preciado del mundo, porque es allí donde se siente como en casa y donde todo tiene sentido para él.

Oies

José Freinademetz nació el 15 de abril de 1852 en Oies, un pequeño lugar de la parroquia de San Leonardo de Val Badia, en los Alpes Dolomitas, al norte de Italia. En aquella época, esa región del Tirol formaba parte del Imperio austriaco. Actualmente, esta región es muy frecuentada por los turistas para practicar deportes de montaña, tanto en invierno como en verano. Pero en 1852, cuando José nació, la situación era diferente. Oies era un lugar aislado y de difícil acceso. La lengua materna de José era el ladino, una lengua románica derivada del latín, al igual que el italiano, el español, el francés y el portugués. En ladino, su nombre es Ujöp. En 1879 partió hacia China como misionero y nunca más regresó a Oies, pero Oies nunca salió de su corazón. Una semana después de llegar a Hong Kong, en una carta dirigida a su familia, escribe:

> Ahora aquí en Hong Kong ya no encuentro la bella Badia y nunca la encontraré, hasta que caminemos juntos en busca de nuestra verdadera patria por encima de las estrellas. En vano encontraré aquí mi casa paterna, Oies, sin duda el lugar más hermoso del mundo; en vano encontraré también aquí a mi padre, a mi madre, a mis hermanos y hermanas y a tantos buenos amigos, que están más allá del mar (28 de abril de 1879).

Oriundo de los valles del Tirol, donde se habla ladino, en su variante badiot, pronto descubre que pertenece a una minoría. Desde la ciudad de Alejandría, donde el barco hizo escala, envía una carta a sus padres y amigos en la que dice:

> Alejandría, que tal vez sea la segunda ciudad de Egipto, era como un mundo nuevo para mí.

Tiene unos 250 000 habitantes, entre los que hay 40 000 católicos. Se ve gente de todo el mundo, blancos, negros, morenos, etc., se habla una lengua, quizá la más difícil del mundo, que es el árabe; pero también se oye hablar italiano, alemán, francés, inglés, excepto badiot, porque no hay ningún badiot en Alejandría.

Y, en una carta a sus familiares, repite la misma idea cuando dice que en Hong Kong, en la casa episcopal donde se aloja, nadie habla ladino:

Tenemos muchas lenguas que aprender, porque aquí se habla chino, italiano, alemán, portugués, francés e inglés, pero no se habla badiot, excepto yo conmigo mismo (28 de abril de 1879).

Sus padres se llamaban Giovanmattia Freinademetz y Anna Maria Sottvalgiarai. Tuvieron trece hijos, cuatro de los cuales murieron siendo niños. José era el cuarto hijo. Era una familia piadosa en la que las prácticas religiosas tradicionales siempre estaban integradas en las tareas cotidianas. La familia participaba en las actividades de la parroquia. También subían en peregrinación a la capilla de Santa Cruz, un santuario del siglo xv muy querido por los habitantes de Val Badia, situado en la montaña a dos mil metros de altitud. José asistió a la escuela primaria en Badia, por lo que tenía que levantarse muy temprano para bajar la montaña hasta la escuela. En Badia también asistió al catecismo.

El lugar donde nacemos y crecemos marcará para siempre nuestra vida, nuestros comportamientos, nuestra visión del mundo y de la sociedad. También marcará nuestra vida religiosa o la ausencia de ella. Socialización o inculturación es el nombre que los antropólogos dan al proceso de aprendizaje de una cultura, una forma de ser y de estar a través de la cual un individuo se convierte en miembro de una sociedad. Este proceso se desarrolla principalmente a través de la observación y la imitación. Desde una edad temprana, los niños aprenden a comportarse dentro de los límites considerados aceptables por su cultura, por ejemplo, en la forma de comer, saludar, vestirse o jugar. De este modo, van interiorizando los significados que la sociedad en la que han nacido atribuye a todos los acontecimientos y objetos del mundo que les rodea. José Freinademetz, como cualquier otro niño del Tirol, creció en un entorno cultural y religioso en el que los lazos familiares y vecinales estructuraban la personalidad y la vida social, y en el que las celebraciones de la religión católica moldeaban el comportamiento de sus habitantes.

Las raíces humanas y espirituales de Freina-demetz están en este lugar, que nunca olvidará. En una carta a sus padres, hermanos y herma-nas, escrita en Steyl el 29 de agosto de 1878, dice:

> La distancia entre Oies y donde me encuen-tro ahora es realmente grande, algo que no po-día imaginar. Desde Innsbruck no me he en-contrado con nadie conocido. Llegué a mi destino el martes por la noche. El viaje me costó unos cincuenta florines y mi equipaje, que también llegó, unos quince florines. El sentimiento general que experimenté en este viaje es como el de una madre que aconseja: «Sed agradecidos, hijos e hijas, porque sois de Badia, y si no os llama el Señor, nunca dejéis la hermosa Badia».

Hoy en día, los turistas que visitan el Tirol quedan impresionados por su belleza: el verde de los bosques en verano, las montañas que se elevan hacia el cielo, la nieve que en invierno lo cubre todo de blancura y silencio. Pero el pe-regrino que visita la casa donde nació José no dejará de preguntarse qué razones poderosas le llevaron a abandonar una tierra tan hermosa y bendecida por la naturaleza.

José dejó su amada tierra porque quería ser misionero y anunciar el Evangelio de Cristo a quienes aún no lo conocían. Al igual que Abrahán (Génesis 12,1), sintió que Dios lo llamaba a una nueva patria. Desde Steyl, donde se preparaba para partir en misión, escribe a sus padres:

Rezad y dad gracias a Dios cada día, al menos con un Padrenuestro y un Ave María, porque ha tenido la bondad de elegir a un misionero en nuestra familia (29 de octubre de 1878).

En Oies, en su familia, en la escuela y en la parroquia, José recibió y alimentó la fe cristiana y asimiló las devociones católicas tradicionales que marcarían toda su vida. Las devociones a la Santa Cruz y al Sagrado Corazón de Jesús ocupaban un lugar especial en la práctica religiosa de su familia. La devoción a la Santa Cruz tenía raíces profundas y antiguas en la religiosidad del Tirol. La devoción al Sagrado Corazón de Jesús era muy popular en el siglo xix. En 1875, al celebrarse los doscientos años de la aparición del Sagrado Corazón de Jesús a santa Margarita María Alacoque, en Paray-le-Monial, Francia, el papa Pío IX promulgó el acto de consagración de toda la Iglesia al Sagrado Corazón de Jesús. No es de extrañar que este vínculo entre el Corazón de Jesús y la Pasión de Cristo ocupe un lugar central en la espiritualidad de san José Freinademetz. Muchas de sus cartas comienzan con la expresión: «Queridos en el Sagrado Corazón de Jesús» y terminan con una referencia al Sagrado Corazón, por ejemplo: «Os recomiendo a todos al Sagrado Corazón de Jesús», «En el Sagrado Corazón de Jesús, vuestro amigo y compañero, Ujöp». En una carta a sus padres y hermanos, poco después de llegar a China, escribe:

> No dejaré de recomendaros a todos, y ante todo a mi padre y a mi madre, al Sagrado Corazón de Jesús y María. Estoy muy feliz de estar en China y, por mí, no os preocupéis. Cuando queráis verme, entrad en el Sagrado Corazón; allí nos encontraremos (28 de abril de 1879).

La devoción al Sagrado Corazón debe motivarnos a imitar a Jesús, que nos desafía: «Aprended de mí, que soy manso y humilde de corazón» (Mateo 11,29). Quienes conocieron a Freinademetz, tanto en Europa como en China, destacaban su bondad y su corazón acogedor. La devoción al Sagrado Corazón de Jesús, que le marcó desde la infancia, contribuyó sin duda a crear en él un corazón manso y humilde como el corazón de nuestro Redentor.

En 2024, el papa Francisco publicó la encíclica *Dilexit nos* [Él nos amó] sobre el amor humano y divino del Corazón de Jesús. El Papa afirma que la historia de la espiritualidad cristiana está atravesada por la unión entre la devoción al Corazón de Jesús y el compromiso con los hermanos, y que esta devoción tiene una dimensión misionera:

La misión, entendida desde la perspectiva de la irradiación del amor del Corazón de Cristo, exige misioneros enamorados, que se dejan cautivar todavía por Cristo y que inevitablemente transmiten ese amor que les ha cambiado la vida (n. 209).

En san José Freinademetz encontramos también la realización de lo que afirma el papa Francisco sobre los misioneros apasionados que dedican su vida a:

hablar de Cristo, con el testimonio o la palabra, de tal manera que los demás no tengan que hacer un gran esfuerzo para quererlo, ese es el mayor deseo de un misionero de alma (n. 210).

En la Congregación del Verbo Divino, la devoción al Corazón de Jesús tiene una larga tradición y está en perfecta sintonía con la oración, atribuida a san Arnoldo Janssen, que será una marca identitaria de la vocación misionera verbita:

Que la luz del Verbo y el Espíritu de la gracia disipen las tinieblas del pecado y la noche de la incredulidad. Y que el Corazón de Jesús viva en el corazón de todas las personas.

Bresanona

Tras terminar la escuela primaria, José continuó su formación académica en la ciudad de Bresanona, en italiano Bressanone. Un benefactor, Francisco Thäler, tejedor del pueblo vecino de Sottrù, fue una ayuda providencial para la formación escolar de Freinademetz. Thäler acompañó a José, entonces de diez años, hasta Bresanona. La caminata duró al menos once horas a través de valles y montañas. En la ciudad, Thäler encontró alojamiento gratuito para el niño y, para los diferentes días de la semana, también comida gratuita en varias familias y conventos. Sus padres solo tenían que proporcionarle la ropa. José permanecería agradecido al tejedor y a su familia hasta el final.

En Bresanona, José, cuya lengua materna era el ladino y había cursado la escuela primaria en italiano, tuvo que repetir dos años de primaria en una escuela de lengua alemana antes de comenzar la secundaria. Al terminar los estudios secundarios, decidió ingresar en el seminario mayor de la diócesis y estudiar Teología. Fue en el seminario donde creció su interés y amor por las misiones. En Bresanona existía una asociación de amigos de las misiones, inspirada por el profesor Mitterrutzner. Su biógrafo, Fritz Bornemann, cuenta que, cuando José llegó a Bresanona, Mitterrutzner ya mantenía una extensa correspondencia con misioneros en Egipto y Sudán y publicaba regularmente artículos de carácter misionero en la prensa local basados en su correspondencia. Durante los cinco años que Freinademetz estudió en la escuela secundaria de Bresanona, Mitterrutzner, en colaboración con los misioneros, publicó dos obras sobre lingüística que vincularon su nombre a los inicios de los estudios lingüísticos africanos. Como muestra del fervor misionero de la diócesis de Bresanona, cabe destacar que, en dieciséis años (1853-1869), 32 sacerdotes y laicos salieron del Tirol hacia África como misioneros.

José se adaptó fácilmente a la vida en el seminario y fue un alumno ejemplar. En una carta a su amigo y benefactor, en noviembre de 1872, José escribe lo siguiente:

> Por la gracia de Dios, estoy sano y contento y me gusta mucho el seminario, porque tenemos comida y podemos estudiar, y eso es suficiente. También me gusta mucho mi habitación, aunque siempre hace frío y hay nieve y hielo en la ventana. Temo que el agua del lavabo e incluso el agua bendita se congelen, pero eso no me preocupa (24 de noviembre de 1872).

El viaje desde el pueblo de Oies hasta la ciudad de Bresanona, a pie y a través de las montañas, fue el primer viaje de José Freinademetz al mundo desconocido. Tuvo que cruzar valles y montañas y, lo más importante, entrar por primera vez en una gran ciudad, en comparación con su insignificante tierra natal. En China cruzará valles, ríos y montañas, campos y ciudades para estar cerca de las personas a las que Dios lo había enviado. Freinademetz no escatimará sacrificios para cumplir su misión porque, para él, lo más importante era dedicar su vida al anuncio del Evangelio, ya que:

> al fin y al cabo, la obligación del misionero es solo dar testimonio de Jesucristo ante los paganos, sembrar la buena semilla y, a continuación, entregarse completamente al Señor, tanto si la semilla da fruto como si no (23 de julio de 1880).

A pesar de querer salvar el mayor número posible de almas, Freinademetz decía en una carta a sus padres que «salvar una sola alma sería suficiente para trabajar y trabajar arduamente toda la vida» (22 de enero de 1885).

San Martín

José Freinademetz fue ordenado sacerdote el 25 de julio de 1875, fiesta del apóstol Santiago, en la capilla del seminario de Bresanona. El 5 de agosto, un día muy lluvioso en Val Badia, celebró su primera misa en la iglesia parroquial de San Leonardo. En la primera misa, era costumbre invitar a un predicador famoso para que diera el sermón de la fiesta, por lo que la primera homilía pública del nuevo sacerdote en su parroquia natal no se celebró hasta un mes más tarde, el 8 de septiembre de 1875, fiesta de la Natividad de Nuestra Señora, el mismo día en que Arnoldo Janssen fundó la casa misionera en Steyl. El tema de la homilía se inspiraba en un versículo del evangelio según san Lucas: «muchos se alegrarán por su nacimiento» (Lucas 1,14) y algunos salmos, por ejemplo, «Los justos se alegran y se regocijan» (Salmo 68,4), «Dichoso aquel a quien se le perdona la culpa y se le absuelve el pecado» (Salmo 32,1). Su biógrafo, Fritz Bornemann, dice que el sermón no fue gran cosa, porque las ideas centrales no se desarrollaron con claridad y los ejemplos y comparaciones que utilizó no ilustraban el tema principal, sino temas secundarios. Sin embargo, sin querer menospreciar el esfuerzo del nuevo sacerdote, el biógrafo comenta: «No obstante, fue un comienzo».

Tras su ordenación sacerdotal, José fue nombrado coadjutor en la parroquia de San Martín, situada a unos doce kilómetros de San Leonardo, donde trabajó durante unos dos años (1876-

1878). Además de celebrar los sacramentos, visitar a los enfermos y dar catequesis, el joven sacerdote también tuvo que asumir el cargo de profesor en la escuela local, como era costumbre en aquella región del Imperio austriaco.

La vocación misionera, que ya le atraía desde hacía varios años, maduró durante su estancia en San Martín. En enero de 1878, el periódico de la diócesis publicó un artículo sobre la casa misionera que se había abierto en Steyl, en los Países Bajos, cerca de la frontera alemana, y que acogía a candidatos de Alemania, los Países Bajos y Austria que querían trabajar en las misiones. El artículo hablaba del fundador de la obra, el P. Arnoldo Janssen, describía la inauguración del seminario, el 8 de septiembre de 1875, y mencionaba la bendición del proyecto por parte del Santo Padre. El texto informaba de que el propósito de la fundación era promover la actividad misionera católica en tierras no cristianas, en primer lugar entre los pueblos paganos del Lejano Oriente. Los candidatos a las misiones podían terminar sus estudios en el seminario misionero. Los presbíteros también eran bienvenidos, tanto si deseaban convertirse en misioneros como si simplemente estaban dispuestos a dedicarse como profesores a la formación de futuros misioneros. José Freinademetz vio en ello una respuesta a sus inquietudes y se puso en contacto con Arnoldo Janssen. Tras un intercambio de correspondencia entre ambos y un encuentro con Arnoldo en Bresanona, cuando este regresaba de un viaje a Roma, Freinademetz decidió ir a Steyl y prepararse para la misión en China. Pero primero era necesario obtener la autorización de su obispo.

El obispo de Bresanona, D. Vicente Gasser, dio su autorización por escrito, diciendo que, por muy difícil que fuera el sacrificio debido a la falta de sacerdotes en su diócesis, no podía negarse a dar su consentimiento, ya que la voz de Dios parecía llamarle cada vez con más insistencia. Y, en una carta a Arnoldo Janssen, el obispo escribió:

> El obispo de Bresanona dice *que no*, pero el obispo católico dice *que sí*; toma a mi hijo Freinademetz y haz de él un misionero de primera categoría.

José Freinademetz siempre recordaría con gran cariño y gratitud a sus feligreses. En respuesta a una carta enviada por una tal María en nombre de todos sus antiguos alumnos de la parroquia de San Martín, José confiesa:

> Me alegra saber que seguís bien, que no me habéis olvidado después de estos treinta largos años y que seguís rezando por mí junto con

vuestros hijos, a los que aún no he tenido la alegría de conocer, pero que conoceré en el cielo. Doy gracias a Dios por la gran alegría que me han dado, y a ti por haber cogido la pluma para compartir conmigo algunas novedades. Siento verdaderamente en mi corazón la alegría de recordar a cada uno de mis queridos alumnos, a los que nunca he olvidado. Salúdalos a todos en mi nombre y diles que rezo por cada uno de ellos, como prometí en mi última homilía en San Martín, cuando, con lágrimas en los ojos, me despedí de cada uno de mis pequeños amigos, que también estaban llorando (13 de diciembre de 1907).

En memoria de su estancia en la parroquia de San Martín se construyó una pequeña pero hermosa capilla dedicada a san José Freinademetz.

Steyl

Durante la misa en la iglesia parroquial de San Leonardo, el 18 de agosto de 1878, antes de partir hacia Steyl, José Freinademetz explicó por qué había decidido ser misionero y dijo que partía tranquilo y confiado hacia el lugar que el Señor le indicaba:

El Dios misericordioso, cuya bondad no conoce límites, que elige a los pequeños, a los débiles y, a menudo, incluso a los grandes pecadores para que sean sus siervos, sus instrumentos, me ha llamado a participar de una gracia de la que nunca seré digno por toda la eternidad. Oigo la voz del Divino Buen Pastor invitándome a ir con él al desierto. Debo ayudarle a buscar las ovejas que se han descarriado. Me llama a ir con él en busca de nuestros desdichados hermanos de ultramar, que nada saben de nuestro Padre celestial, nada de nuestro amado Redentor, nada de nuestra Santísima Virgen María, nada de la casa de nuestro Padre celestial.

En Oies, se despidió de sus padres, hermanos, hermanas, paisanos y amigos, y, tomando el tren, partió hacia Steyl, donde llegó el 27 de agosto, con una breve parada en Colonia, Alemania. En su diario escribió:

Sin embargo, ya he visto suficiente de Colonia; mi corazón está inquieto hasta que descanse en los lugares sagrados que se propone encontrar. ¡Así que adelante! Kaldenkirchen, la última estación prusiana, ha quedado atrás; he llegado a Venlo, la primera estación holandesa. En una hora más llegaré al seminario misionero. Me acerco rezando el *Te Deum*. Una santa alegría inunda mi corazón, mezclada, sin embargo, con una especie de ansiedad. ¿Cuándo volveré a dejar esta casa? ¿Adónde me llevará mi camino? *Qui dedit velle, dabit et perficere*, aquel que inspiró el deseo también concederá su realización.

Desde Steyl, en una carta a su familia, José manifiesta su amor por su Tirol natal, pero también da a entender que la casa misionera de Steyl es su nueva patria. Les informa de que la distancia entre Oies y el lugar donde se encuentra ahora es realmente grande, mayor de lo que había imaginado, y dice que desde Innsbruck en adelante no ha encontrado a ninguna persona conocida. Sobre la casa de Steyl afirma que es una casa de Dios donde se respira el espíritu de piedad y temor de Dios. Y confiesa:

> Estoy muy feliz de estar aquí y no sé cómo agradecer al Señor. Aquí puedo aprender mucho, en primer lugar a vivir como un buen cristiano, en segundo lugar ahora empiezo a aprender la lengua de los chinos (29 de agosto de 1878).

Los meses pasados en Steyl son de intensa preparación para la partida hacia China, sobre todo a nivel espiritual. Con él partirá también el joven sacerdote Juan Bautista Anzer. El 28 de febrero de 1879, los dos misioneros hicieron voto de obediencia, por el que se comprometieron con el seminario de Steyl y con las misiones por un período de cinco años. El primer domingo de marzo de 1879, después de la eucaristía solemne, el nuncio apostólico en Holanda, monseñor Capri, entregó la cruz misionera a los dos sacerdotes. Al final, todos los miembros de la comunidad, empezando por el rector, el P. Arnoldo Janssen, besaron los pies de los dos misioneros que estaban de pie junto al altar. Sin duda, al hacer este gesto, los presentes recordaron las palabras del profeta Isaías: «¡Qué hermosos son sobre los montes los pies del mensajero que anuncia la paz, que proclama la buena nueva y que anuncia la salvación!» (Isaías 52,7). Después, José viajó al Tirol para despedirse por última vez de su familia y de su tierra.

Recuerda que te queremos

El 22 de julio de 2022 se estrenó en Oies, tierra natal de san José Freinademetz, el espectáculo musical «Ujöp da Oies» sobre su vida y misión. El escenario y un anfiteatro con capacidad para seiscientos espectadores se montaron junto a la casa natal del santo de Oies. Carlo Suani, autor del texto, se inspiró en la biografía de José Freinademetz y en las cartas que este escribía desde China a su familia y amigos. El compositor, Antonio Rossi, logró plasmar a través de la música las alegrías y los dolores de Freinademetz. Todos los actores, niños, jóvenes y adultos, eran naturales de la región y desempeñaron su papel de forma profesional. A través de la música, las canciones y las diversas escenas, el público pudo conocer mejor la vida de este santo misionero, desde su infancia en su tierra natal, pasando por sus estudios en el seminario de Bresanona, hasta su misión en China. Las canciones originales dieron un nuevo sabor a su mensaje. En una de las escenas más conmovedoras, los padres y hermanos de Freinademetz leen la primera carta que él escribió desde Hong Kong. La escena termina con una canción titulada *Salüc da ciasa* [Saludos desde casa], en la que le dicen que nunca olvide que le quieren:

L'amur t'á cherdè ia tla Cina,
dalunc da tüa patria ladina.
Nos düc confidun tl Signur
y ti un crëta a to gran valur:
t'acompagnun cun nosta oraziun
y recordete che i te orun bun,
Ujöp[1].

---

[1] El amor te ha llamado a China, / lejos de tu tierra natal. / Todos confiamos en el Señor / y confiamos en tu gran valor: / te acompañamos con nuestra oración / y recuerda que te queremos, / Ujöp.

2
El mar

De camino a China, José pasó por el Tirol y llegó a Roma, donde se reencontró con Anzer. En
el puerto de Ancona, comenzaron el viaje que
los llevaría a Hong Kong, con paradas en Alejandría, Adén, Ceilán y Singapur, cruzando el
Mediterráneo, el mar Rojo, el océano Índico y
el mar de China. En Alejandría, tomaron el
tren a Suez. En este puerto, embarcaron hacia
Ceilán, donde volvieron a cambiar de barco.

En muchas culturas, el mar simboliza el poder
del caos y del mal, un abismo lleno de misterio.
El mar es también muy peligroso y en él se han
perdido muchas vidas debido a las tormentas y
los naufragios. Los primeros versos del poema
«Mar portugués», de Fernando Pessoa, traducen
bien los peligros que forman parte de la trágica
historia marítima de nuestro país: «¡Oh mar sala-
da, cuánta de tu sal son lágrimas de Portugal!».

En la tradición bíblica, el mar se presenta como una fuerza poderosa ante la cual el hombre no puede hacer nada; solo Dios puede vencer al mar y todo lo que significa de mal, peligro y desorden: «Con su poder calmó los mares», dice Job (26,12), «con una simple amenaza seco el mar», afirma Dios a través del profeta Isaías (50,2). Solo Dios es capaz de hacer que el mar se abra para que Moisés y los israelitas escapen del ejército del faraón, cruzando y pisando en seco hacia la tierra prometida (cf. Éxodo 14,15-30).

De camino a Roma, el barco en el que viajaba Pablo se vio envuelto en una gran tormenta y, sin poder resistir el viento, estuvo a la deriva varios días hasta naufragar en las costas de la isla de Malta (cf. Hechos de los Apóstoles 27,14-44). El profeta Jonás, decidido a escapar de la misión que Dios le había encomendado en Nínive, tomó un barco en dirección contraria. Sin embargo, el Señor hizo soplar un viento impetuoso, levantando una gran tormenta hasta tal punto que la embarcación amenazaba con romperse. La furia de las olas solo se calmó cuando, a petición suya, los marineros arrojaron a Jonás al mar (cf. Jonás 1,1-16).

A los amigos que fueron a consolarlo, Job les recuerda que la sabiduría y el poder de Dios son ilimitados: «Él [Dios] solo formó la extensión de los cielos y camina sobre las olas del mar» (Job 9,8). Jesús es el único que camina sobre el mar y calma las tormentas. En el evangelio de Marcos leemos que Jesús obligó a los discípulos a subir a la barca y a ir por delante, al otro lado, hacia Betsaida, mientras él despedía a la multitud. «Después de despedirlos, se fue a orar al monte. Ya era de noche, la barca estaba en medio del mar y él solo en tierra. Al verlos cansados de remar, porque el viento les era contrario, fue hacia ellos al amanecer, caminando sobre el mar» (Marcos 6,46-48). En otra ocasión, al cruzar el mar de Galilea, los discípulos de Jesús fueron sorprendidos por una gran tormenta; las olas se abatían contra la barca y esta casi se hundía. Jesús dormía sobre una almohada. Lo despertaron y le dijeron: «Maestro, ¿no te importa que perezcamos?». Él, despertándose, habló con autoridad al viento y dijo al mar: «¡Cállate, cállate!». El viento se calmó y se hizo una gran bonanza (Marcos 4,35-39).

Para avanzar en la vida, para realizar nuestros sueños y proyectos, a menudo tenemos que enfrentarnos y superar grandes obstáculos. Es como si tuviéramos que atravesar un mar agitado y amenazante. José Freinademetz era consciente de que la vida es una peregrinación llena de obstáculos. En el sermón pronunciado en la iglesia de San Martín, en la fiesta de Todos los Santos, el 1 de noviembre de 1877, dijo:

Queridos cristianos, ¡cuáles serán nuestros sentimientos cuando seamos admitidos en la comunión de los santos en el cielo! Habrá gente de todas partes del mundo: negros de África, blancos del Tirol, personas de todas las lenguas y generaciones... Y todos nos reconoceremos como si siempre hubiéramos sido hermanos, procedentes de una agotadora y peligrosa peregrinación a través del mar de este mundo.

El mar, que José cruzó desde Italia hasta China, simboliza el mundo con todos los desafíos y obstáculos que debemos afrontar y superar para llegar a la meta, para descubrir el sentido profundo de nuestra vida, es decir, nuestra vocación en esta tierra.

Despedirse y partir

El Tirol fue la primera etapa del largo viaje a China. En Bresanona, José se despidió de su obispo y de sus compañeros del seminario. En San Martín, se despidió del párroco, de los feligreses y de sus alumnos, les pidió que rezaran por él y les prometió que no los olvidaría. Sus antiguos feligreses ya conocían sus planes porque, en agosto del año anterior, antes de partir hacia Steyl, en el último sermón que había pronunciado en la iglesia de San Martín, Freinademetz les había explicado por qué había decidido ser misionero y cómo estaba dispuesto a obedecer la llamada de Dios:

El Divino Buen Pastor, en su insondable bondad, me ha invitado a ir con él al desierto en busca de las ovejas descarriadas. ¿Qué más puedo hacer sino besar su mano, con gratitud y alegría, y decir, con las palabras de la Sagrada Escritura: «Aquí estoy»; y luego, como Abrahán, dejar la casa de mi padre, mi patria y a todos vosotros, queridos [feligreses], e ir a la tierra que el Señor me indicará...

Desde San Martín, José fue a pasar unos días a su querida Badia. En Oies, al despedirse de sus familiares, pidió la bendición a su padre y luego los bendijo a todos. En Bresanona, se despidió de los amigos y conocidos que acudieron a la estación de tren para darle un último adiós. Y al iniciar el viaje en tren hacia Roma, Freinademetz dejaba para siempre su querido Tirol.

El 12 de marzo de 1879, José Freinademetz llegó a Roma, donde pasó dos intensos días. En una carta dirigida a sus padres y hermanos, escrita ya durante el viaje por el Mediterráneo y enviada desde Alejandría, en Egipto, relata su estancia en la ciudad eterna:

Aunque solo he estado dos días en Roma, he visto lo principal y, sobre todo, he podido obtener la bendición del Santo Padre para mí, para vosotros y para algunos amigos. También recibí autorización para celebrar misa durante el viaje por mar, algo que tanto deseaba.

En otra carta, menciona que celebró misa en San Pedro, veneró las reliquias de algunos santos y subió la *Escalera Santa*. De camino al puerto de Ancona, él y Anzer se detuvieron en el santuario de Loreto. Dentro de la basílica, los peregrinos pueden visitar los restos de la casa que, según la tradición, es la Casa de Nazaret, donde vivieron Jesús, María y José. A propósito de esta visita, José escribe:

El viernes 14 celebramos la santa misa en Loreto, el primer santuario del mundo, en esa misma casa donde vivieron Jesús, María y José. Vimos la mesa donde comía la Sagrada Familia, la chimenea y la cocina donde Nuestra Señora preparaba la comida (20 de marzo de 1879).

El 15 de marzo de 1879, el barco zarpó del puerto de Ancona con destino a Alejandría, en Egipto. La primera parada fue en Brindisi, en el sur de Italia. Desde allí continuaron hacia Alejandría, donde atracaron el 20 de marzo. Ya en alta mar, lejos de la costa italiana, José escribió en su diario:

Ya no estamos en suelo europeo. Un pensamiento extraordinario. ¡Patria, amigos y padres, todos dejados atrás! Ya había construido mi felicidad en mi tierra natal. En los primeros pasos de mi camino sacerdotal solo crecían rosas; un círculo de amigos y compañeros me rodeaba; pero ahora tengo que alejarme de todo, tengo que empezar de nuevo en un mundo nuevo, hacer nuevos amigos, aprender un nuevo idioma, en todos los sentidos empezar de nuevo. ¿Qué has hecho? –O mejor dicho, ¿qué vas a hacer? ¡Vas a salvar almas para el cielo! ¡Y mi corazón herido se ha curado!

La separación de sus padres, seres queridos y feligreses no fue fácil. Pero Freinademetz era consciente y estaba seguro de las razones de este viaje que acababa de comenzar. Había una razón mayor que daba sentido al dolor de la partida y la separación. Lo que fascina de este santo es, por un lado, su humanidad y su fragilidad y, al mismo tiempo, la total confianza que deposita, tanto en el amor de sus padres, hermanos y amigos, como en Dios, que lo llamó a ser misionero.

El amor, la amistad y la oración de sus familiares y amigos le darán fuerzas para afrontar el choque cultural al llegar a China y aliviar el dolor de la ausencia y la distancia. En muchas de sus cartas agradece las que recibe de sus padres, hermanos y amigos y las noticias que le envían sobre la familia, los antiguos feligreses, la vida en el Tirol. Por ejemplo, escribiendo a uno de sus hermanos, dice:

> Recibí tu carta con mucha alegría, porque era la primera de tu vida. Escríbeme de vez en cuando, porque aunque nos separan mares de miles y miles de horas, seguimos siendo hermanos, y siendo hermanos esperamos poder amarnos (23 de septiembre de 1896).

Su fe en Dios, alimentada por la oración, será la fuerza que le permitirá superar persecuciones y fracasos. En una ocasión, Francia entró en guerra con China y, tras la firma de la paz, los misioneros y los cristianos sufrieron algunas persecuciones. José escribió a sus padres:

> Los chinos nos consideran a todos franceses y ahora nos temen muy poco. Pero nuestra confianza no está en los franceses, sino en el Señor, y su ayuda no nos faltará, como hasta ahora siempre nos ha ayudado (28 de julio de 1885).

Mar abierto

En las cartas que escribió durante el viaje a China, José relataba algunos episodios, describía lo que veía en las ciudades donde hacía escala el barco y, a veces, hablaba de sus compañeros de viaje. Durante la mayor parte del trayecto, el mar estuvo en calma, pero cerca de Ceilán les sorprendió una tormenta y, durante algunos días, José sufrió mareos debido al fuerte oleaje. Además de Anzer, en el barco viajaban dos padres franciscanos y podían celebrar misa en la habitación. El mar le impresionó profundamente. Escribiendo a sus padres y hermanos, dice:

> Me gustaría escribiros sobre las maravillas del mar, pero son tantas que no se pueden describir con la pluma. [...] No se ve nada más que cielo y agua y, a veces, algunas montañas e islas, y a lo lejos algún barco que regresa de su viaje, algunos pájaros que casi siempre acompañan al barco y otras aves que están de viaje para ir a vuestras tierras. La otra noche, un pájaro se posó en mi mano y se quedó allí quieto durante un rato. Me hubiera gustado darle una carta para que se la llevara, pero no sé si llegaría a Oies. Pobre pajarito, al menos saluda por mí a mi hermoso Tirol y a mis seres queridos que viven allí (20 de marzo de 1879).

Es también durante el viaje a China cuando José y los otros tres sacerdotes tienen sus primeros contactos con personas de otras religiones y culturas que viajaban en el mismo barco. La mentalidad reinante en Europa durante el siglo XIX consideraba que los pueblos que se encontraban fuera de sus fronteras eran atrasados y vivían en la ignorancia. Las diferencias que ve en los demás pasajeros causan una gran impresión en José Freinademetz y, como resultado de su formación y cultura, se notan algunos prejuicios en sus cartas. En una carta escrita durante la travesía del mar Rojo, menciona, con cierto prejuicio, los hábitos alimenticios de algunos pasajeros:

> Hay muchos indios, gente medio salvaje; comen con las manos, después del almuerzo lavan el cuenco con el arroz que sobra y luego lo tiran al mar. Por otro lado, me parecen personas de buen corazón, y me dan pena, pensando que no saben nada de nuestra hermosa y santa religión. Entre ellos hay sobre todo jóvenes, que parecen tener buen carácter, si tuvieran la oportunidad de ser instruidos. Pero qué podemos hacer; no conocemos ni una palabra de su idioma.

Y, en una carta escrita durante la parada en Singapur, después de mencionar que comen el arroz con las manos, dice:

> Por otro lado, me parecen buenas personas y, si tuvieran la oportunidad, serían mejores que

muchos católicos. A veces, se me llenan los ojos de lágrimas al pensar en su desgracia. Rezad por su conversión (14 de abril de 1879).

Este primer contacto con personas de otras culturas y religiones confirmó en José la razón de su decisión de ser misionero: convertir almas a Cristo. A José le resultaba extraño el modo en que comían y rezaban, pero incluso reconoce que, si fueran bien catequizados, podrían convertirse en buenos cristianos.

Cruzar fronteras

Las primeras impresiones de José Freinademetz sobre los pasajeros que pertenecen a religiones y culturas diferentes a la suya muestran cierta curiosidad y denotan algunos prejuicios. Al mismo tiempo, sus observaciones revelan también un deseo fuerte y sincero de ir al encuentro de esas personas para anunciarles la buena nueva de Cristo. Lo que al principio fue un choque cultural, se fue transformando progresivamente en una actitud de apertura a lo diferente, de respeto por el otro e incluso de admiración. El mar también representa esta frontera, esta barrera, que José tuvo que cruzar para entrar en el mundo chino y conocer la mentalidad y el corazón de su gente.

En el XIII Capítulo General de la Congregación del Verbo Divino, celebrado en 1988, la cuestión que preocupaba a sus miembros en aquellos años se formulaba en los siguientes términos: ¿Cómo entendemos nuestra misión en la Iglesia y en el mundo de hoy? En aquella época, la Congregación, geográficamente repartida por más de cincuenta países, trataba de situarse y adaptarse a contextos étnicos, socioculturales y religiosos muy variados. Tras el Capítulo, la Congregación subrayará la importancia del diálogo, la inculturación, la justicia, la paz y la integridad de la creación como estrategias misioneras prioritarias. Sin embargo, el documento capitular sobre la espiritualidad es el que tendrá mayor impacto en la autocomprensión de nuestra identidad misionera. El documento destaca los elementos clave de la espiritualidad verbita: el fundamento trinitario, la encarnación del Verbo y la acción del Espíritu Santo. Pero la idea central para una correcta comprensión de la identidad y la misión de los misioneros del Verbo Divino era la espiritualidad del «éxodo», a nivel personal, cultural y también geográfico. Este éxodo o paso –cultural, geográfico– se entendía a la luz de la Pascua del Señor Jesús.

Una espiritualidad del éxodo se concreta en tres desafíos en los que los verbitas están llamados a imitar la Pascua del Señor: cuando entramos en otra cultura, cuando somos solidarios con los pobres y cuando cultivamos el diálogo. Estas serían las fronteras a las que el Espíritu estaba llamando a los misioneros verbitas. Vivimos el misterio pascual cuando hacemos la transición a otra cultura y abandonamos nuestros prejuicios y nuestro nacionalismo exagerado, y nos alegramos al descubrir la presencia de Dios en el otro, en lo desconocido. Es nuestro deber promover la justicia según el Evangelio en solidaridad con los pobres. Esto exige una profunda experiencia de Dios como fuente de toda compasión y una continua conversión del corazón. En lo que respecta al éxodo en diálogo con miembros de otras religiones o ideologías, el documento afirma que la dimensión pascual se vive cuando «pasamos de la sospecha recíproca a la confianza mutua». En todos estos éxodos, es necesario cultivar actitudes de apertura, respeto, hospitalidad y paciencia.

Los misioneros eran desafiados a hacer el éxodo «hacia otras culturas para eliminar las fronteras del racismo y los prejuicios»; a hacer el éxodo «hacia los pobres para que desaparezcan las fronteras de clase»; y a emprender este éxodo «en diálogo, para que muera el sectarismo religioso». En ese documento, el diálogo se definía no solo como «hablar», sino sobre todo como «escuchar». También presentaba algunos requisitos para el diálogo, en particular una actitud de acogida, en el sentido de tener tiempo para estar con el otro; la paciencia, traducida en una escucha que permite eliminar los malentendidos; y, por último, una actitud de apertura que exige la capacidad de relativizar las propias certezas y ser capaz de aprender de los demás.

El ejemplo de Cristo, que describe el himno cristológico de la Carta a los Filipenses, se presenta como el camino a seguir para vivir una espiritualidad del éxodo: «Tened entre vosotros los mismos sentimientos que hay en Cristo Jesús: el cual, siendo de condición divina, no quiso hacer de ello ostentación, sino que se despojó de su grandeza, asumió la condición de siervo y se hizo semejante a los humanos. Y, asumida la condición humana, se rebajó a sí mismo hasta morir por obediencia, y morir en una cruz» (Filipenses 2,5-8).

Estas ideas del XIII Capítulo General se desarrollaron posteriormente en un documento titulado *Vivir el misterio pascual en la espiritualidad misionera SVD*. Uno de los capítulos está dedicado a José Freinademetz, presentándolo como un modelo a seguir para vivir una espiritualidad de éxodo, sobre todo al cruzar las fronteras en solidaridad con los pobres. Se destacaba su viaje a China con todas las consecuencias que ello le supuso en cuanto al aprendizaje del idioma y las costumbres chinas y las diversas persecuciones de las que fue objeto. Freinademetz cruzó fronteras para ir al encuentro del otro, para cultivar el diálogo y promover el bienestar material y espiritual del pueblo chino. Su ejemplo nos muestra que no basta con hacer cosas por los demás; lo más importante es cruzar fronteras para estar con los demás. El obispo brasileño Dom Hélder Câmara expresa esta idea de la siguiente manera, en un hermoso poema-oración:

Misión es partir,
caminar, dejar todo,
salir de sí, quebrar la corteza del egoísmo
que nos encierra en nuestro yo.

Es parar de dar vueltas
alrededor de nosotros mismos
como si fuésemos el centro
del mundo y de la vida.

Es no dejar bloquearse
en los problemas del mundo pequeño
a que pertenecemos:
la humanidad es más grande.

Misión es siempre partir,
mas no devorar kilómetros.

Es sobre todo abrirse a los otros
como hermanos, descubrirlos
y encontrarlos.

Y, si para descubrirlos y amarlos
es preciso atravesar los mares
y volar por los cielos,
entonces misión es partir
hasta los confines del mundo.

Hong Kong

José Freinademetz y Juan Bautista Anzer cruzaron los mares «hasta los confines del mundo» y llegaron a Hong Kong el 20 de abril de 1879. Hong Kong era, desde 1842, una colonia inglesa y una bulliciosa ciudad portuaria y comercial. Los dos misioneros dedicaron los primeros meses a aprender el idioma chino y a conocer la realidad pastoral, bajo la orientación del padre Luigi Piazzoli, un veterano misionero italiano del PIME (Instituto de Misiones Extranjeras de Milán). En agosto de ese mismo año, el obispo Giovanni Raimondi envió a José a Sai Kung, un pueblo de pescadores, para que siguiera perfeccionando su chino y se ocupara de los pocos católicos de la región.

Durante el tiempo que residió en Sai Kung, Freinademetz estudiaba chino, desde la mañana hasta la noche, con un habitante local. Para romper la monotonía del estudio, hacía frecuentes viajes a Yim Tin Tsai, una de las cuatro pequeñas islas de la bahía de Sai Kung. Yim Tin significa «laguna de sal», en referencia a las salinas de donde se extraía la sal. La isla tenía unos setenta habitantes, todos católicos. José se quedaba allí varios días, celebraba la eucaristía y, a veces, administraba el sacramento del bautismo y oficiaba algún funeral.

Actualmente, nadie vive en la isla. Pero los descendientes de los antiguos habitantes regresan a la isla cada año, el 1 de mayo, para celebrar la fiesta de San José en la pequeña iglesia, una construcción de finales del siglo XIX que se alza en lo alto de la colina. Del pueblo solo quedan ruinas. También hay un pequeño museo donde los visitantes pueden ver objetos relacionados con las actividades que se desarrollaban antiguamente en la isla, como la agricultura y la extracción de sal.

El barco que transporta a los turistas tarda unos veinte minutos en hacer la travesía. A veces, también hay peregrinos que hacen el viaje, como el día que visité Yim Tin Tsai; un coro de una parroquia de Hong Kong, acompañado por su párroco, se dirigía a la isla para pasar un día de reflexión y recogimiento.

De la casa donde Freinademetz solía pasar la noche y de la capilla donde celebraba misa solo quedan las ruinas de algunas paredes que resisten las inclemencias del tiempo y el abandono de los hombres. En el lugar donde habría habido una habitación se encuentra ahora la imagen del santo y, a su lado, grabadas en piedra, en chino e inglés, las palabras que se le atribuyen: *el amor es el único lenguaje que todos entienden.*

Yim Tin Tsai comienza lentamente a renacer de las ruinas y del olvido. Quizás, a través de la preservación de la memoria de san José Freinademetz, esta pequeña isla se convierta en un polo espiritual para quienes buscan silencio, sobre todo en una ciudad tan bulliciosa y agitada como Hong Kong. Recorrer las ruinas de este pueblo, recordando los pasos y la vida de san José Freinademetz, nos ayuda a comprender que, a través de la presencia amistosa y el respeto por los demás, es más fácil acercarse a personas que hablan idiomas que no conocemos y tienen costumbres muy diferentes a las nuestras.

En una carta escrita el 30 de octubre de 1879, informa:

> Tuve fiebre, una enfermedad que casi todo el mundo contrae aquí, y tuve que volver a Hong Kong para recuperarme. Ahora ya me he recuperado y espero volver dentro de unos

días. Alabado sea el Sagrado Corazón de Jesús y la Santísima Virgen. ¿Qué comemos en la misión? No os asustéis si os digo que no tenemos leche ni mantequilla, ni queso, rara vez un poco de carne, algo de pollo. Esta es nuestra comida: por la mañana, café solo sin leche y, a veces, un poco de pan; a las nueve y media, arroz con pescado, y a las cuatro y media, lo mismo, y eso es todo. Así comen los chinos, y también el misionero; a mí me gusta así, pero es una comida que da poca fuerza. El chino no come nada más que arroz, incluso en su lecho de muerte; no bebe agua y, si bebe, es caliente.

A partir de mayo de 1880, José dejó de usar la sotana europea, de color negro, y comenzó a vestirse como los chinos. Durante los meses siguientes, fue misionero itinerante, visitando a los pocos católicos que habitaban en las aldeas de la región. En mayo de 1881, tras dos años de aprendizaje del idioma y de inserción cultural y pastoral en Hong Kong, José partió hacia Shandong, la región de China que la Santa Sede había destinado a los misioneros de Steyl y donde ya se encontraba el padre Anzer.

La revista misionera de Steyl, *Stadt Gottes*, dio a conocer a sus lectores las impresiones de Freinademetz sobre esos dos primeros años en China. Freinademetz dice que, al principio, tenía una visión muy romántica de la vida misionera, pero que el contacto con la realidad pronto hizo desaparecer esa visión poética, dando paso a una visión prosaica, diríamos más realista. Escribe así:

Como si despertara de un sueño profundo, de repente me vi en un mundo completamente nuevo, ¡y qué mundo! Todo había cambiado, incluido yo mismo.

La ropa era completamente extraña. Pero no bastaba con vestirse como los chinos; por eso escribe:

Lo principal aún está por hacer: la transformación del hombre interior, el estudio de la visión china del mundo, de las costumbres y prácticas, del carácter chino y la psicología china. No es una tarea de un día, ni siquiera de un año; ni se realiza sin muchas operaciones dolorosas.

Freinademetz reconoce que:

hay una barrera, un muro de separación entre nosotros y los chinos que no debe subestimarse: nuestra ignorancia o nuestro conocimiento imperfecto y defectuoso de la lengua del país. [...] El misionero sigue siendo siempre un extranjero. El chino es muy seguro de sí mismo y orgulloso de su modo de vida. Cree que pertenece a la nación más grande del mundo. No se inclina ante el extranjero; lo desprecia. Los europeos son simplemente los nariudos, los diablos extranjeros. En las calles, los adultos se ríen de nosotros; los niños gritan detrás de nosotros. Incluso los perros parecen disfrutar especialmente persiguiendo y ladrando al extranjero. Todo esto es doblemente cierto en el caso del misionero.

A sus padres y amigos, José les va contando los pequeños pasos en su transformación exterior: se viste como los chinos, lleva la cabeza rapada, pero con una larga trenza, e incluso ya consigue comer a la manera china. Al describir un funeral que presidió, cuenta que, una vez terminados los ritos en el cementerio, se quedó también a comer:

> Yo mismo fui y probé por primera vez a comer con dos palillos en lugar de con cuchara y tenedor (3 de marzo de 1880).

La transformación interior llevará más tiempo, pero convertirá a Freinademetz en un chino de alma y corazón.

El mar ya no existía

«Entonces vi un cielo nuevo y una tierra nueva, porque el primer cielo y la primera tierra habían desaparecido, y el mar ya no existía», escribe el autor del libro del Apocalipsis (21,1). El mar es solo un paso, una frontera, una etapa intermedia que hay que atravesar para alcanzar la meta deseada. José Freinademetz era consciente de que era necesario cruzar esa frontera. Al despedirse de la comunidad de Steyl, dijo:

> Hace siete meses, fue doloroso dejar las montañas de mi tierra, pero aquí he encontrado una segunda patria que también amo. Ahora el Señor me llama a encontrar una tercera patria al otro lado del mar. Quiero seguir su llamada diciendo adiós a todo lo que me une a Europa para consagrar todas mis fuerzas al servicio de Dios. Espero encontrar a muchos de vosotros en la misión. ¡Adiós, hasta China!

Freinademetz fue uno de los primeros misioneros en dar cuerpo al proyecto misionero de Arnoldo Janssen, dejando todo para dedicarse a lo que entonces se llamaba «las misiones extranjeras». El 18 de febrero de 1879, pocos días antes de embarcar hacia China, en una carta a su amigo y benefactor Francisco Thäler, escribió:

> Mi único deseo es poder convertir a muchos de nuestros pobres hermanos y solo por eso dejo a mi buen padre, a mi buena madre, a mis hermanos y hermanas, a mis parientes y amigos, entre los que tú ocupas uno de los prime-

ros lugares, y a mi querido San Martín. Oh, mi querido amigo, reza con toda tu buena familia para que yo pueda trabajar mucho por su gloria [la de Dios].

El 29 de octubre de 1880, en una carta a sus padres, hermanos y hermanas, afirma:

Demos gracias muchas veces a Dios, que ha llamado a uno de vuestra familia para ser misionero en China, y este es un honor que no cambiaría por la corona de oro del emperador de Austria.

José Freinademetz no abandonó su patria por el placer de la aventura. La fe fue el fundamento y la razón de su camino como cristiano y misionero, sabiendo que en Dios encontraba un refugio seguro, como afirma el salmista: «Guárdame como a la niña de tus ojos; escóndeme a la sombra de tus alas» (Salmo 17,8). «Ten piedad de mí, oh Dios, ten piedad, porque en ti me refugio y me escondo a la sombra de tus alas, hasta que pase el peligro» (Salmo 57,2). Para alcanzar ese grado de confianza en Dios, tuvo que cruzar el mar, no solo geográficamente, sino todo lo que el mar simboliza de peligro, misterio, desorden y caos.

Pero el mar no es solo peligroso y aterrador; también es sereno y hermoso, como Fernando Pessoa logró traducir en solo dos versos:

Dios al mar el peligro y el abismo dio,
pero también el cielo en él reflejó.

El mar tiene esta doble simbología, de peligro aterrador y de serena belleza. Quizás sin saberlo, pero ya deseándolo, China, donde acababa de desembarcar tras un largo viaje por mar, sería para José Freinademetz la antesala del cielo. En una carta a su hermana Teresa, escribió:

No deseo otra cosa en este mundo que trabajar para la gloria de Dios y la salvación de estos pobres paganos y luego unirme a todos vosotros en el paraíso para alabar a Dios eternamente (22 de diciembre de 1879).

3
El cielo

La palabra *cielo* designa, en primer lugar, el espacio sobre la tierra, en el que cuando levantamos la vista podemos contemplar las estrellas, observar el movimiento de las nubes y la profundidad azul del firmamento. En muchas culturas, el cielo es también la morada de los dioses.

En la Biblia, el cielo no es solo el firmamento sobre el globo terráqueo, sino que también representa la morada de Dios: «El cielo es el trono de Dios y la tierra el estrado de sus pies» (Isaías 66,1). El salmista utiliza diversas formas para expresar esta realidad, por ejemplo: «El cielo es del Señor, pero la tierra la ha dado a los seres humanos» (Salmo 115,6). «Alzo mis ojos al Señor, que habita en los cielos» (Salmo 123,1).

A través de parábolas, Jesús habla a menudo del cielo y del reino de los cielos. Dirigiéndose a los discípulos y al pueblo, Jesús les advierte que no acumulen tesoros en la tierra, donde los ladrones entran a robar, sino que acumulen tesoros en el cielo, donde la polilla y el óxido no corroen y donde los ladrones no entran a robar, porque «donde esté tu tesoro, allí estará también tu corazón» (Mateo 6,19-21). Al acercarse los días de su pasión, Jesús asegura a los discípulos que en la casa del Padre hay muchas moradas y que les preparará un lugar (Juan 14,2-4). En la cruz, promete el paraíso al buen ladrón (Lucas 23,40-43).

El cielo es también la meta de la peregrinación del hombre sobre la tierra. El autor de la Carta a los Hebreos afirma que «no tenemos aquí morada permanente, sino que buscamos la futura» (13,14). San Pablo nos dice que «nuestra patria está en los cielos» (Filipenses 3,20) y «cuando nuestra morada terrenal, nuestra tienda, sea destruida, tendremos una vivienda en el cielo, obra de Dios, una casa eterna, no construida por manos humanas» (2 Corintios 5,1).

Según la teología de la misión vigente en el siglo XIX, la actividad misionera de la Iglesia tenía como objetivo principal expandir la fe católica o, en el lenguaje de la época, convertir y salvar a los paganos. José Freinademetz es hijo de esa época y de esa mentalidad. En una carta a su amigo y benefactor Francisco Thäler, pocos días antes de partir hacia China, afirmaba que su único deseo era poder convertir a muchos paganos y que por eso dejaba a sus padres, parientes y amigos. En una carta a su hermana Teresa y a su cuñado Juan escribía:

> Puedo aseguraros que me siento bien en China, estoy contento y no me arrepiento de haber venido, viendo la necesidad de esta pobre gente, no solo de los paganos, sino también de los cristianos que, por falta de misioneros, solo ven al sacerdote una vez al año (30 de junio de 1882).

En una carta a sus padres, el 28 de julio de 1885, les informaba del crecimiento de la misión, del gran número de bautizados y les decía que esto también era una ventaja para ellos. Luego pregunta:

> ¿No es lo más hermoso del mundo liberar a tantos hermanos pobres del infierno? Sé muy bien que no tengo ningún mérito, pero el Señor se digna utilizar a este desgraciado como su instrumento para salvar a los demás.

Para José Freinademetz estaba muy claro que su misión en China tenía como objetivo salvar almas para el cielo.

Arnoldo Janssen había fundado la casa de Steyl para formar misioneros interesados en proclamar la Palabra de Dios, especialmente entre los paganos. En la edición de septiembre de 1875 del periódico *Pequeño Mensajero del Sagrado Corazón de Jesús*, Arnoldo escribió:

> Esta casa misionera está destinada a los estudiantes, sacerdotes y candidatos al sacerdocio que desean dedicarse a las misiones paganas en el sentido estricto de la palabra.

Con el mismo propósito, pero con otro lenguaje, las Constituciones de la SVD, actualmente en vigor, afirman:

> Como miembros de la Congregación del Verbo Divino, consideramos nuestro deber proclamar la Palabra de Dios a todos, crear nuevas comunidades entre el pueblo de Dios, incrementar su crecimiento y promover la comunión entre ellas y también con toda la Iglesia. Trabajamos en primer lugar y preferentemente donde el Evangelio aún no ha sido anunciado, o lo ha sido de manera insuficiente, y donde la Iglesia local, por sí sola, no tiene medios para desempeñar su función (c. 102).

El prólogo de las Constituciones afirma:

> En respuesta a la llamada del Espíritu Santo y a las necesidades de los pueblos, san Arnoldo Janssen fundó nuestra Congregación como comunidad misionera. En virtud de nuestro nom-

bre, nos sentimos comprometidos de manera especial con el Verbo Divino y su misión. Su vida es nuestra vida, su misión es nuestra misión. Guiados por el Espíritu Santo, lo seguimos, glorificando al Padre y llevando la vida plena a todas las personas. Dondequiera que la Iglesia nos envíe, estamos llamados a proclamar el Evangelio para que todos los pueblos puedan caminar por el camino de la salvación, liberados de la oscuridad del pecado por la luz del Verbo y por el Espíritu de la Gracia. La actividad misionera es, por lo tanto, el fin y la razón de ser de nuestra Congregación. Todas nuestras actividades, por muy variadas que sean, están orientadas, en última instancia, a ayudar a la Iglesia a realizar su tarea misionera.

China, donde José Freinademetz llegó en 1879, fue el campo misionero al que dedicó toda su vida y energía. Pero China no fue solo el espacio geográfico y cultural donde se comprometió con la conversión de las almas para el cielo; también se convirtió en la antesala del paraíso donde desea permanecer chino entre los chinos.

Shandong

En 1881, la Santa Sede entregó a los misioneros de Steyl el territorio de Shandong del Sur, hasta entonces bajo la responsabilidad de los misioneros franciscanos. En aquella época, era práctica habitual que determinados institutos misioneros obtuvieran «territorios de misión» de los que eran plenamente responsables y en los que debían crear estructuras eclesiales y ejercer su apostolado. Esta práctica de la Iglesia se conocía como *ius commisionis*. El territorio chino cedido a los misioneros de Steyl abarcaba tres prefecturas: Yenchowfu, Tsaochowfu e Ichowfu, con una población de unos nueve millones de habitantes y solo unos doscientos cristianos.

En mayo de 1881, José dejó Hong Kong y se dirigió a Shandong. Antes de partir, hizo algunas compras necesarias para la nueva misión y luego reservó un pasaje en el barco Ningpo, que zarpó hacia Shanghái el 23 de mayo. Los misioneros de Milán, a quienes llamaba «mis hermanos», lo acompañaron hasta el muelle. Entre ellos se encontraba, muy probablemente, el padre Piazzoli, que había sido su maestro. Tras varios días de viaje, llegó a Shanghái, donde embarcó hacia Cheffo y, desde allí, hacia Tsinanfu, un viaje largo y agotador en un junco chino a través del río Amarillo. Llegó el 15 de julio. «Ese día alcancé la meta tan deseada», recordaría más tarde. En Tsinanfu se dedicó a aprender otra versión de la lengua china, ya que el chino *hakka* que había aprendido en Hong Kong no se utilizaba en aquellos lugares. En enero de 1882, el padre Anzer, que era el superior de la misión, decide trasladarse a la aldea de Puoli, porque de sus ochocientos habitantes, cien eran católicos. Puoli será el primer centro de la misión verbita en territorio chino y, con el paso de los años, se convertirá en un lugar muy importante para la Congregación en China.

Freinademetz llegó a Puoli, donde ya se encontraba su compañero y superior de la misión, pocos días antes del Domingo de Ramos de 1882. Poco después de llegar a Puoli, confesaba a su amigo Thäler:

> Así pues, querido amigo, el buen Dios me ha llevado finalmente al lugar donde tanto deseaba estar, es decir, estar solo en medio de los paganos. Mi vida a partir de ahora consistirá en ir de un lado a otro e intentar ganar el mayor número posible de almas (2 de julio de 1882).

Las condiciones en Puoli eran muy precarias, pero los dos misioneros comienzan a trabajar con entusiasmo. En una carta a su hermana Teresa y a su cuñado Juan, les cuenta los proyectos que tienen en mente:

> Pronto comenzaremos una iglesia, porque estos pobres cristianos no tienen ninguna, usa-

mos una casa medio en ruinas como capilla, pero es tan pequeña que solo caben las mujeres. Los hombres se quedan delante de la puerta y allí escuchan la santa misa. Pronto comenzaremos una casa para niños abandonados (30 de junio de 1882).

En las dos décadas siguientes, llevó a cabo todas y cada una de las misiones que le encomendó su superior, posteriormente vicario apostólico y obispo. Más tarde, asumió también funciones administrativas como superior provincial y, en ausencia del obispo, administrador diocesano y provicario. José Freinademetz permaneció en Shandong veintisiete años, hasta su muerte en 1908. Su biógrafo, Fritz Bornemann, dedica cientos de páginas a describir minuciosamente esos años de labor misionera en China, durante los cuales José recorrió, casi siempre a pie, a veces en carreta, todo el territorio confiado a la Congregación. Bornemann enumera los frutos obtenidos, los retos a los que tuvo que enfrentarse, las persecuciones, los largos y recurrentes viajes a través del territorio de la misión para encontrarse con los pocos católicos dispersos en esa inmensa región, la celebración de los sacramentos, la fundación de escuelas y orfanatos, la construcción de capillas, la formación de los catecúmenos, la introducción de los nuevos misioneros en la realidad cultural y religiosa china.

No es nuestra intención detenernos en detalle en esos años de intenso trabajo apostólico. Presentamos solo algunas características de su vida y misión en China que consideramos más significativas y que pueden servir de inspiración para los cristianos de cualquier época.

Los frutos de la misión

En las cartas que escribía a su familia y amigos y en los informes que enviaba a Steyl, José Freinademetz iba dando cuenta del progreso de la misión. Esta crecía y se desarrollaba gracias a su trabajo y al de todos los misioneros que, entretanto, habían llegado a la misión del Verbo Divino en China, incluidos sacerdotes, hermanos y religiosas, sin olvidar la valiosa ayuda de los benefactores que, desde Europa, los apoyaban con sus oraciones y su ayuda material. En Shandong y, más tarde, en otras provincias de China, los misioneros de Steyl fundaron escuelas donde enseñaban a niños y jóvenes; crearon estructuras para acoger y educar a los huérfanos; recorrían pueblos y ciudades visitando a los cristianos, celebrando los sacramentos y enseñando la catequesis a los chinos que pedían el bautismo. En esta labor, cuentan con la ayuda de los catequistas locales, que a su vez han sido formados por los misioneros.

En una carta a sus padres, escrita en marzo de 1883, decía:

> Acabo de regresar de una estación misionera situada a unas setenta horas de distancia, donde hemos comenzado a anunciar el Evangelio. Fui allí en un carro tirado por una vaca y un hombre, podéis imaginaros que el viaje duró muchos días.

Dos años más tarde, en una carta a sus padres, decía:

> Tenemos aquí una hermosa misión, en muchos pueblos estamos construyendo capillas, grandes sumas [de dinero] pasan por nuestras manos, pero no son suficientes; allí en Europa hay buenas almas que dan limosnas más de lo que sus fuerzas les permiten. Hasta ahora, el Señor siempre nos ha enviado lo necesario.

Y, en mayo de 1889, les informaba de los frutos ya alcanzados:

> Este año hemos bautizado a unos quinientos nuevos cristianos adultos y a unos nueve mil bebés moribundos. Además, tenemos unos quinientos catecúmenos, como se llama a los que se preparan para el bautismo, ya que antes

de recibirlo esperamos dos o tres años para asegurarnos de que cumplen las normas.

En mayo de 1897, en una carta a su hermano Luis y a su cuñada Mariana, decía:

A pesar de que ha habido una gran persecución contra nuestros pobres cristianos, hemos tenido una gran cosecha como nunca antes, en un solo año hemos bautizado a más de dos mil personas, sin contar a los bebés que fueron bautizados en peligro de muerte.

En enero de 1907, veinticinco años después de la inauguración de la misión de Shandong, escribía en una carta a Elisabetta, hija de su amigo Thäler:

Hace veinticinco años empezamos con solo 158 cristianos, hoy hay unos cuarenta mil bautizados y otros tantos se preparan para el bautismo. El Señor es verdaderamente muy bueno; esto es un gran consuelo para nosotros, los misioneros, y para nuestros benefactores en Europa.

José había partido del Tirol hacia China para convertir a los paganos y salvar muchas almas para el cielo. Muchos años de trabajo arduo y pionero en regiones donde se anunciaba el Evangelio por primera vez fueron moldeando su carácter y perfeccionando su método misionero. Trató de hacerse igual a los chinos, no solo exteriormente, sino sobre todo interiormente, acogiendo y asumiendo su cultura y sus costumbres. Él, que quería convertir al mayor número posible de paganos, acabó descubriendo que nosotros no convertimos a nadie; solo el amor convierte. «Las personas solo se convierten por la gracia de Dios y por el amor que les dedicamos», decía José Freinademetz, resumiendo así su forma de evangelizar. En junio de 1904, en una carta a Arnoldo Janssen, afirmaba:

> Cada vez estoy más convencido de que la virtud y el carácter dócil son las cualidades esenciales para la eficacia de la misión.

Este es, también hoy, el mejor método para anunciar el Evangelio y animar a los demás a acercarse a Dios y dejarse envolver por su gracia.

La importancia de la oración

José Freinademetz era un hombre piadoso que tenía la oración en gran estima. Desde muy temprana edad, en el seno de su familia y en la parroquia, fue interiorizando y haciendo suyas las oraciones y expresiones tradicionales de la piedad católica. En familia, rezaban antes y después de las comidas y al mediodía el *Ángel del*

Señor. Josefina, una de sus hermanas menores, contaba que «rezábamos el rosario de rodillas, en la sala, ante la Virgen. La oración de la noche la rezaba cada uno en su cama». A través de la oración, José fue descubriendo y consolidando su vocación misionera, y la oración sería la fuerza que le acompañaría y sostendría a lo largo de su vida. También sabía que sin la oración todos los esfuerzos y proyectos del misionero son en vano. Por eso, en sus cartas pedía a menudo oraciones por la misión en China y por los chinos. Del mismo modo, siempre rezaba por sus familiares y benefactores que, desde lejos, lo acompañaban con sus oraciones y su ayuda material.

Cuando José Freinademetz se despidió de sus feligreses de San Martín, los exhortó a rezar:

> La oración es la llave del paraíso. La oración es el bastón en nuestra peregrinación; la fuente de agua viva; el alimento que fortalece nuestra alma.

Y, en las cartas enviadas desde China, nunca se cansaba de pedir oraciones. En una carta a su amigo Thäler, le hacía la siguiente petición:

> Reza siempre, tú y tu Francisco [hijo de Thäler y ahijado de Freinademetz], para que el Señor me convierta un poco, a fin de que yo

pueda convertir a los demás (9 de febrero de 1892).

En una carta a su hermana María, le aseguraba:

No dejo pasar un solo día sin rezar por todos vosotros; haced lo mismo por mí. Os encomiendo a todos al Sagrado Corazón de Jesús.

La oración era para José un compromiso mutuo: rezaba por sus familiares, amigos y benefactores y, al mismo tiempo, les pedía que rezaran por los misioneros y por el pueblo de China. En una carta a sus padres, les informaba sobre su salud y les pedía oraciones:

Sabed que estoy muy bien, alegre y contento, eso es suficiente para vosotros. Rezad mucho y haced que los demás recen para que nosotros, los misioneros, cumplamos con las grandes obligaciones de nuestro hermoso estado y que el Señor nos acompañe en todas partes con su ayuda y su santa gracia (8 de mayo de 1889).

En otra ocasión, escribiendo a su hermano Luis y a su cuñada Mariana, que se habían casado recientemente, afirma:

Nunca dejaré de ayudaros con mis oraciones, porque estáis muy cerca de mi corazón, para que todos mis hermanos y hermanas sigan siendo hijos fieles de nuestra Santa Madre Iglesia, para implorar la bendición sobre vuestro santo matrimonio y vuestra familia. Recordad dar siempre y en todas las cosas el primer lugar a vuestro Dios y os irá bien en la vida y después de la muerte (20 de mayo de 1897).

Las formas de oración y las devociones de los cristianos han variado a lo largo de la historia. Por ejemplo, en el siglo xix se difundió mucho la devoción al Sagrado Corazón de Jesús. Ha habido, y hay, grupos y movimientos eclesiales que dan gran importancia al silencio en la oración; otros acentúan la oración y el compartir orante de la Biblia, y otros prefieren un estilo más carismático, dando primacía a una espiritualidad fuertemente sustentada en la alabanza al Espíritu Santo. Sin embargo, a pesar de sus diversas expresiones y matices, en la oración ponemos nuestra vida bajo la mirada de Dios, para escuchar su Palabra y confiar en su gracia.

El 11 de octubre de 1989, el papa Juan Pablo II visitó nuestro seminario de Ledalero, en la isla de Flores, Indonesia. En el encuentro con los seminaristas, dijo que el pueblo quiere ver en los sacerdotes una imagen viva del Buen Pastor que da la vida por sus ovejas. Para que esto suceda, aconsejó:

Debéis entrar en una profunda unión personal con Cristo a través de la oración. Este es el consejo espiritual más importante que el Papa desea dejaros hoy: debéis rezar, porque la oración es el camino indispensable para la unión con Cristo; es la fuente oculta de la fuerza del sacerdote.

La escucha de la Palabra de Dios es una parte importante de la vida espiritual, por eso recordó que «para ser ministros eficaces del pueblo de Dios, también debéis conocer y vivir el Evangelio que predicáis». El papa Francisco tampoco se cansaba de recordar que la evangelización se alimenta y se sostiene con la oración:

Sin momentos prolongados de adoración, de encuentro orante con la Palabra, de diálogo sincero con el Señor, las tareas se vacían fácilmente de significado, nos quebrantamos por el cansancio y las dificultades, y el ardor se apaga (*Evangelii gaudium* 262).

Santa Teresa del Niño Jesús decía que la oración «no es en primer lugar una actividad, sino una forma de estar con Dios». Ahora bien, esto lo podemos hacer continuamente. José Freinademetz fue, en este aspecto, un modelo de unión con Dios a través de la oración. Las personas que lo conocieron en el Tirol y en China dan testimonio de su profunda piedad y sincera devoción. El cardenal Tomás Tien, que llegó a conocerlo, dijo que la imagen de aquel sacerdote de rodillas permaneció indestructible en su memoria.

En un libro que recoge las conferencias sobre la eucaristía que impartía regularmente a los seminaristas y sacerdotes chinos, Freinademetz habla de la importancia del silencio después de la comunión, ya que el silencio

exalta, más que las palabras, la dignidad y la grandeza de un misterio tan maravilloso y es una expresión elocuente de humildad, reverencia y admiración.

Y cuando las personas

ven al sacerdote en profundo silencio, humilde modestia y amor, al ponerse en presencia de lo Sagrado, se sentirán inspiradas a alabar a Dios.

Liderazgo

El ejercicio de la autoridad en la Iglesia es, ante todo, un servicio. Desde las primeras comunidades cristianas, siempre se ha considerado que aquellos que son elegidos o nombrados para un cargo de liderazgo están al servicio de la comunidad. Inspirados en las palabras de Cristo, los cristianos deben ejercer los cargos de liderazgo con una actitud de servicio. El evangelista Marcos narra que Jesús y los discípulos llegaron a Cafarnaún y, cuando estaban en casa, Jesús les preguntó qué habían discutido por el camino. «Ellos guardaron silencio porque, por el camino, habían discutido entre ellos sobre quién de ellos era el más grande. Sentándose, llamó a los Doce y les dijo: "Si alguno quiere ser el primero, que sea el último de todos y el servidor de todos"» (Marcos 9,33-35). En otra ocasión, Jesús llamó a los discípulos y les dijo: «Sabéis que los jefes de las naciones las gobiernan como sus señores, y que los grandes ejercen su poder sobre ellas. ¡No sea así entre vosotros! Al contrario, el que quiera hacerse grande entre vosotros, que sea vuestro servidor; y el que quiera ser el primero entre vosotros, que sea vuestro servidor. Tampoco el Hijo del hombre vino para ser servido, sino para servir y dar su vida en rescate por muchos» (Mateo 20,25-28). En el ejercicio del liderazgo, es importante seguir el consejo del autor de la Primera Carta de san Pedro: «Como buenos administradores de las diversas gracias de Dios, cada uno de vosotros ponga al servicio de los demás el don que ha recibido» (1 Pedro 4,10).

Lamentablemente, en la historia de la Iglesia no faltan ejemplos de líderes que abusaron de su posición en beneficio propio.

De los líderes de una comunidad religiosa y misionera como la Congregación del Verbo Divino también se espera esta actitud de servicio, como bien expresan sus Constituciones:

El liderazgo es para nosotros un compromiso de servicio, que requiere una actitud de solidaridad, respeto y amor (c. 601).

Los capítulos generales de la SVD han desarrollado y enriquecido la forma de entender y ejercer el liderazgo como un servicio. Todos los miembros de la Congregación, de una forma u otra, ejercen cargos de liderazgo en parroquias, escuelas, movimientos eclesiales, etc. A este respecto, el XVIII Capítulo General de la SVD afirmó:

Nos comprometemos a renunciar a nuestras agendas privadas para servir a nuestras comunidades e instituciones como líderes (n. 37).

José Freinademetz ejerció varios cargos de liderazgo, tanto a nivel de la Congregación, como superior provincial, como a nivel de la iglesia local, como administrador diocesano y provicario. En mayo de 1905, Freinademetz escribe al padre Arnoldo, superior general de la Congregación, solicitándole que envíe más misioneros a China y pidiéndole que se asegure de que estos sean celosos y dedicados:

> Tened piedad de nosotros y de los innumerables chinos pobres que pueden ser salvados con facilidad. Por favor, envíenos muchos, tantos como sea posible, misioneros celosos, con espíritu de sacrificio, capaces y felices en su trabajo. Estoy plenamente convencido de que en ningún otro lugar se puede lograr más que aquí (10 de mayo de 1905).

En otra ocasión, pide al superior general que envíe religiosas que sean «buenas, capaces y dóciles, acompañadas de una superiora idónea». Las primeras Hermanas misioneras, las Siervas del Espíritu Santo, fundadas por Arnoldo Janssen el 8 de diciembre de 1889, llegaron a China en 1905. Antes, Arnoldo ya había enviado Hermanas a Argentina, Togo, Nueva Guinea, Estados Unidos y Brasil. Su presencia dio un nuevo impulso a la misión, ya que podían asumir la formación de las jóvenes y catequistas chinas y la dirección de los orfanatos. «Con el tiempo –escribe– también se ocuparán de las tareas de enfermería y de muchas otras cosas según las necesidades».

Como superior provincial, Freinademetz también es responsable de las Hermanas. Sin embargo, en una carta a Arnoldo, expone sus dificultades en el ejercicio del liderazgo, ya que es consciente de que no tiene todas las capacidades para ser líder. No obstante, siempre obedece a sus superiores, incluso cuando estos le exigen que asuma mayores responsabilidades:

> Su Reverencia me ha confiado el cuidado de nuestras buenas Hermanas. Aunque me siento muy agradecido por la confianza depositada en mí, esta nueva responsabilidad me agobia mucho. Todos los días soy plenamente consciente y siento que me falta el espíritu de sabiduría y comprensión que es tan necesario para un gobierno exitoso. También me falta la energía necesaria y el don de la palabra para defender el bien que se necesita en todas partes. En este sentido, he pasado por tantas experiencias amargas como provincial que una persona se satura con el cargo de superior. Sin embargo, me esforzaré por cuidar espiritual y materialmente de nuestras buenas Hermanas, de la mejor manera posible, hasta que Su Reverencia tome otras medidas (1 de octubre de 1905).

Cuando, en 1903, falleció el obispo Juan Bautista Anzer, muchos misioneros consideraban que José Freinademetz sería su sucesor. Sin embargo, esto no sucedió. En aquella época, Alemania ocupaba militarmente Shandong y no quería un obispo extranjero y, como Freinademetz era ciudadano austriaco, el Gobierno alemán presionó a la Santa Sede para que no fuera nombrado. Sin embargo, él mismo reconocía que no tenía el perfil adecuado para ese cargo. En una carta a un sacerdote tirolés decía:

> ¿De verdad cree que llegaré a ser obispo? ¡Se equivoca rotundamente! No se pone una mitra sobre una cabeza de paja, ¡no quedaría bien!

Cuando llegó la noticia de que el padre Augustine Henninghaus había sido nombrado obispo, José escribió al superior general diciendo:

> *Deo gratias!* La elección ha sido una suerte. Sí, la más afortunada posible. El padre Henninghaus es el hombre adecuado, ricamente dotado de dones de espíritu y corazón como probablemente ningún otro en el Shandong del Sur; por eso, los misioneros, casi sin excepción, están satisfechos con la elección.

El nombramiento del nuevo obispo dio un nuevo y gran impulso a la misión verbita en China debido a la estrecha colaboración entre ambos, el obispo y el superior provincial.

En diciembre de 1905, escribió al padre Arnoldo agradeciéndole las sugerencias y advertencias que le había dado para el ejercicio del liderazgo. Sin embargo, confesó:

> Yo mismo soy consciente de que en ningún aspecto estoy a la altura del cargo; tampoco tengo la comprensión necesaria ni la energía adecuada para tal cargo.

Sin embargo, José Freinademetz era muy apreciado por sus Hermanos y Hermanas por su forma suave de ejercer el liderazgo. Era un hombre muy sensible y cercano a las personas. El cardenal Tomás Tien destacó que estaba «totalmente entregado a los demás, abnegado y olvidado de sí mismo». Freinademetz era también un misionero celoso. El obispo Henninghaus escribió lo siguiente sobre él:

> Poseía esa bondad que nunca se cansa y conquista los corazones, esa paciencia inagotable y esa caridad que le hacía olvidarse de sí mismo. Los cristianos, especialmente los neófitos y la gente sencilla, lo querían como los niños a sus abuelos.

Podríamos decir, citando al papa Francisco, que era un pastor con olor a oveja. El papa Pablo VI, en una carta con motivo de la beatificación de José Freinademetz, el 19 de octubre de 1975, escribió:

> Su simpatía, su capacidad de acogida y su amor sin distinciones fueron fundamentales. Se identificó profundamente con el modo de ser del pueblo chino, con el fin de manifestarles la bondad y la benevolencia del Salvador y, así, llevarlos a todos a Dios.

Persecuciones

En cierta ocasión, cuando Pedro le dijo a Jesús que él y los demás discípulos lo habían dejado todo para seguirlo, Jesús respondió: «En verdad os digo: quien deje casa, hermanos, hermanas, madre, padre, hijos o campos por mí y por el Evangelio, recibirá cien veces más ahora, en el tiempo presente, en casas, y hermanos, y hermanas, y madres, hijos, y campos, junto con persecuciones, y, en el tiempo futuro, la vida eterna» (Marcos 10,29-30).

A medida que crecía su vocación misionera, José Freinademetz también tomaba conciencia de que una vida dedicada al anuncio del Evangelio está sujeta a sacrificios y persecuciones. Sin embargo, en medio de las persecuciones, confía plenamente en Dios. En una carta a sus padres, escribe:

> Muchas veces mi vida ha corrido peligro y los paganos han conspirado para matarme, pero el Señor siempre me ha protegido (7 de febrero de 1884).

En la primavera de 1889, Freinademetz se enteró de que un catecúmeno había sido condenado ilegalmente por acoger en su casa a cristianos y extranjeros. José fue a pedir su liberación al mandarín. El catecúmeno fue liberado, pero al día siguiente una multitud irrumpió en la posada donde José y un catequista se habían alojado, los agredieron, los insultaron y los arrastraron por las calles de la ciudad, amenazándolos de muerte. Al llegar a las afueras de la ciudad, los dejaron encadenados en el suelo, pero al cabo de un rato los dejaron marchar, descalzos y sin sombrero. Freinademetz relató este incidente en una carta a sus padres, terminando así:

> Ahora ese misionero está curado y feliz y da gracias al Señor por haberse dignado sufrir un poco por amor a Dios y a los pobres chinos. Esta historia ocurrió el 23 de mayo de 1889. Y este misionero, que os saluda de corazón y pide vuestras oraciones, no es otro que vuestro hijo José (27 de junio de 1889).

Entre 1899 y 1901 tuvo lugar una insurrección contra los extranjeros y los cristianos, conocida como la *Rebelión de los Bóxers*. Durante ese período revolucionario, los misioneros ortodoxos, protestantes y católicos y sus feligreses chinos fueron perseguidos y masacrados, principalmente en el norte de China. En una carta a sus hermanos, José relata algunas situaciones dramáticas por las que pasó.

Me refugié en Puoli, que es nuestra mayor comunidad cristiana; muchos cristianos también se protegieron en Puoli y éramos mil doscientas personas en casa. Inmediatamente después de mi llegada, los cristianos se confesaron y se prepararon para el martirio. En un solo día bauticé a unos ciento cuarenta nuevos cristianos, expuse el Santísimo Sacramento y también expuse una hermosa imagen de Nuestra Señora, que, como afirman casi todos los cristianos, lloró mucho. Nuestra iglesia de Puoli estuvo rodeada durante cuatro días. Un día había unos cinco mil hombres con escopetas y otras armas para matar a los cristianos y destruir la residencia. Nuestros pobres cristianos se defendían dentro, mientras las mujeres y los niños rezaban día y noche en la iglesia. Fue Dios quien nos salvó; solo un cristiano fue asesinado (6 de julio de 1901).

En todos los momentos de su vida, Freinademetz da gracias a Dios, en los buenos momentos y en las adversidades, sufriendo persecuciones o recogiendo los frutos de su trabajo apostólico. Todo lo que hace es para la gloria de Dios y en todo lo que le sucede da gracias a Dios. Al final de la carta en la que relata el ataque a la misión de Puoli, José escribió:

Fueron días de mucho miedo; parecía imposible seguir con vida por más tiempo. Ahora todo ha terminado. [...] ¡Alabado sea Dios y que el Señor quiera que emplee el resto de mis días solo para su gloria y para salvar almas! ¿Para qué vivir, si no es para esto?

Freinademetz consideraba las persecuciones como parte de la cruz que los cristianos y los misioneros deben llevar. En una carta a sus padres, escribe:

Las cruces vienen directamente de la mano de Dios y queremos llevarlas no solo con resignación, sino con alegría por amor al Crucificado y para pagar por nuestros pecados. Sufrir con alegría es la cosa más hermosa del mundo, de la cual los bienaventurados del paraíso sienten envidia (9 de febrero de 1891).

Todos los recursos al servicio de la misión

Los recursos de la Congregación, tanto humanos como materiales, están al servicio de la misión. Las Constituciones SVD declaran que nuestra pobreza tiene un carácter misionero:

> Nos exige que pongamos generosamente al servicio de las tareas misioneras el tiempo, los talentos, el trabajo y los bienes de la comunidad. El uso de los bienes materiales en nuestra Congregación solo se justifica en la medida en que estén al servicio del Reino de Dios (c. 210).

Cuando Jesús envió a los discípulos a proclamar el Reino de Dios, les pidió que no llevaran muchas cosas: «No llevéis nada para el camino: ni bastón, ni alforja, ni pan, ni dinero; ni tengáis dos túnicas» (Lucas 9,3). Al comentar este pasaje bíblico, el XVIII Capítulo General de la SVD, celebrado en 2018, destacó que:

> esta enseñanza de Jesús nos lleva a fijarnos y prestar atención a la forma en que hacemos uso de los recursos que se nos han confiado. Cuanto más experimentamos el amor de Cristo y más arraigados estamos en su Palabra, más debemos convertirnos en administradores responsables de los dones y bendiciones de Dios. Estamos invitados a seguir siendo personas responsables en la gestión de nuestros bienes temporales (n. 34).

Para José Freinademetz, todos los recursos disponibles estaban al servicio de la evangelización, a pesar de ser insuficientes en comparación con las necesidades sobre el terreno, en particular el cuidado de los huérfanos y los pobres y la educación de los niños y los jóvenes. Por ejemplo, en una carta a su hermana María, José mencionaba la escasez de recursos financieros y hacía una petición:

Si tuviéramos más abundancia de dinero, sería fácil ganar más almas para el cielo. Si aún tienes algunos miles de florines, harías bien en enviármelos para mis pobres chinos, y tú misma tendrías un rico tesoro esperándote en el paraíso. Al menos, no te olvides nunca de darme, junto con toda tu familia, la limosna de tus oraciones (9 de mayo de 1895).

A través del voto de pobreza, todos los bienes están al servicio del Reino. José así lo entendía, como podemos ver en una carta a su madre:

Todos nosotros, [misioneros] de Steyl, debemos hacer un voto de pobreza, lo que significa: todo lo que es mío ya no es mío, sino que pertenece a la casa de Steyl, incluso todo lo que se recibe por herencia, todo pertenece a la casa de Steyl; ya hice este voto hace seis años; por lo tanto, ya no tengo derecho a disponer de nada, todo lo que tengo no es mío, sino de la casa de Steyl. Lamento mucho, querida madre, no poder dejarle esos tres denarios para que puedas vivir un poco más cómodamente. ¡Pero qué puedo hacer! Sacrifique también ese poco dinero, querida madre, para propagar la gloria de Dios entre estos paganos de China, con el fin de ganar algunas almas más. De este modo, [la madre] también tendrá un gran mérito (31 de julio de 1892).

Durante la Rebelión de los Bóxers, los misioneros extranjeros tuvieron que abandonar sus misiones y refugiarse en la ciudad de Tsingtao, situada a orillas del mar. En ese período de gran agitación social, Freinademetz se preocupaba por que no faltaran recursos para cuidar de los huérfanos y los pobres. Cuando, en Puoli, el mandarín ordenó que se expulsara a los cristianos, los huérfanos que allí residían fueron evacuados a Tsingtao. Es significativa la sugerencia que hizo a sus Hermanos. Bornemann cuenta que Freinademetz se preocupó por la situación, sobre todo por los grupos de huérfanos que se dirigían a Tsingtao.

Están absolutamente desamparados, —escribió al padre Bartels, de Tsingtao—. Por favor, tengan la amabilidad de hacer algo por ellos. Dada la situación en la que se encuentran, no debemos dudar en incurrir en algunos gastos adicionales para salvar lo que aún se puede salvar.

neros. Así, en febrero de 1885, todos los clérigos que se encontraban en Steyl profesaron los tres votos.

En China, la profesión de los clérigos tuvo lugar el 15 de agosto de 1886, fiesta de la Asunción de la Santísima Virgen María. El obispo celebró una misa pontifical; luego, ante el Santísimo Sacramento expuesto en el altar, presidió la ceremonia de profesión de votos. En la pequeña capilla de Puoli, Freinademetz profesó pobreza, castidad y obediencia para siempre, de acuerdo con la Regla de la Congregación. A propósito de este acontecimiento, anotó en su diario estas palabras:

> Entonces pronunciamos nuestros votos. Yo, por la gracia de Dios y con la autorización de mis superiores, para siempre. Hermano José, los dados están echados. Reza, trabaja y sacrifica, sufre y resiste toda tu vida por tus amados chinos. Luego, cuando llegues al ocaso de la vida y estés postrado en tu lecho de muerte, podrás dormir rodeado de tus queridos chinos. *Adieu!* ¡Adiós para siempre, querida patria de ultramar!

Al vincularse para siempre a la obra misionera de Steyl, Freinademetz también tuvo la certeza de que permanecería para siempre en China. Años más tarde, cuando Arnoldo Janssen quiso que regresara a Europa para participar en algunas actividades de la Congregación, pidió que se le eximiera de ese deber.

En mi última carta, le pedí a Su Reverencia que me eximiera amablemente de un posible viaje a Europa o que permitiera que otro Hermano ocupara mi lugar. Me gustaría pedirle una vez más con urgencia que considere mi petición (14 de febrero de 1905).

Arnoldo intentó convencerlo de que cambiara de opinión y, por obediencia, José acabó aceptando, escribiendo:

En cuanto a mi convocatoria para el capítulo general, que Su Reverencia haga lo que le parezca correcto. Es mi deber obedecer, aunque la obediencia cueste sacrificio (21 de junio de 1905).

Sin embargo, el superior general acabó aceptando sus razones y Freinademetz permaneció en China sin volver nunca más a Europa.

Algunas comunidades religiosas tienden a sobrevalorar la fecha de la ordenación sacerdotal en detrimento de la fecha de la profesión de votos. Las razones de esta tendencia pueden ser, por ejemplo, el peso de la teología tradicional que, durante siglos, atribuyó a los clérigos un estatus especial en la Iglesia frente a los laicos, o la relegación de los trabajos manuales que, en el pasado, eran la característica principal de los hermanos religiosos. Esta tendencia es una forma sutil de acentuar la función sacerdotal de los presbíteros religiosos en detrimento de su función profética.

Las Constituciones de la Congregación del Verbo Divino acentúan la importancia de la profesión de votos al afirmar:

> El Verbo de Dios hecho hombre, en su amor redentor, es la fuente y el modelo de nuestra santidad apostólica. Al hacer votos públicos y simples de castidad consagrada, pobreza evangélica y obediencia apostólica, respondemos a su llamada y le seguimos por el camino de los consejos evangélicos. Por estos votos, nuestro compromiso con el Señor, con los miembros de nuestra Congregación y con la Iglesia se hace más fuerte. Nos dan mayor equilibrio y libertad para nuestras tareas misioneras. Por esta nueva consagración, la santidad recibida en el bautismo se incrementa de manera especial a través de una vida de servicio misionero (c. 201).

José Freinademetz fue un misionero celoso y un religioso ejemplar, apasionado por el Evangelio y solidario con el pueblo. Su entrega a la misión sigue siendo fuente de inspiración para aquellos que quieren seguir a Jesucristo a través de los consejos evangélicos.

Modelo de inculturación evangélica

El papa Juan Pablo II, en la encíclica *Redemptoris missio* (1990) sobre la validez permanente del mandato misionero, afirmaba que la inculturación permite al misionero acercarse cada vez más al pueblo al que evangeliza, haciéndose más sensible a sus valores y respetuoso con sus formas de expresión cultural. En su opinión, los misioneros deben insertarse en el mundo sociocultural de aquellos a quienes son enviados. Esta inserción no significa tener que renegar de la propia identidad cultural,

> sino comprender, apreciar, promover y evangelizar la del ambiente en el que actúan y, de este modo, lograr comunicarse realmente con él, asumiendo un estilo de vida que sea signo de testimonio evangélico y de solidaridad con el pueblo (RM 53).

Juan Pablo II menciona dos aspectos que deben caracterizar el estilo de vida del misionero: el testimonio evangélico y la solidaridad con el pueblo. José Freinademetz asumió este estilo de vida, imitando a Jesús en su entrega al anuncio del Reino, como escribe en una carta a su familia:

No estoy aquí por capricho ni para ganar oro y plata, sino para ganar almas compradas con la sangre más preciosa de Dios (28 de abril de 1879).

Y es con alegría que comparte la vida con el pueblo, como declara en una carta a su ahijado Francisco: «Estoy muy feliz de vivir y morir entre mis pobres chinos» (28 de mayo de 1902).

Según el Concilio Vaticano II, la palabra «cultura» indica, en general:

todo aquello con lo que el hombre afina y desarrolla sus innumerables cualidades espirituales y corporales; procura someter el mismo orbe terrestre con su conocimiento y trabajo; hace más humana la vida social, tanto en la familia como en toda la sociedad civil, mediante el progreso de las costumbres e instituciones; finalmente, a través del tiempo expresa, comunica y conserva en sus obras grandes experiencias espirituales y aspiraciones para que sirvan de provecho a muchos, e incluso a todo el género humano.

Las diferentes culturas «dan lugar a diferentes estilos de vida y a diversas escalas de valores» (*Gaudium et spes* 53). Las diferencias entre las culturas son reales y manifiestan la riqueza artística e intelectual de la humanidad. A través del intercambio intercultural, podemos descubrir nuevos horizontes y crear nuevas dinámicas en las relaciones entre personas y grupos y, a partir de las experiencias de todos, promover cambios positivos que beneficien absolutamente a todos.

Acoger al otro en su diferencia y en su riqueza exige un proceso continuo de diálogo. Esto se traduce en una actitud de apertura caracterizada por la escucha que sabe acoger al otro y lo que tiene para ofrecernos y decirnos. Esta apertura al otro implica el respeto por sus convicciones, su historia y sus trayectorias existenciales, en particular su búsqueda de Dios, los rituales y las doctrinas a través de los cuales vive y expresa su creencia. Acoger al otro en su diferencia requiere también cultivar una actitud profética, en el sentido de discernir lo que es positivo y lo que es negativo en nuestra cultura y en la cultura de los demás, y actuar en consecuencia.

En la época en que vivió José Freinademetz, la teología no hablaba de inculturación ni de misión intercultural. Sin embargo, podemos vislumbrar en él algunos elementos que constituirán el núcleo de la misión entendida como inculturación de la fe. Freinademetz era el presidente de la comisión preparatoria del sínodo diocesano de Shandong del Sur. Defendía que el sínodo debía debatir cuestiones importantes para la práctica misionera. Entre ellas estaba la actitud que se debía adoptar frente a las costumbres y tradiciones chinas. Freinademetz defiende que los misioneros deben

> tener cuidado de no perturbar las costumbres del pueblo de este país, siempre que dichas costumbres no sean supersticiosas. En cambio, en la medida de sus posibilidades, deben adaptarse a esas costumbres y, de ese modo, ganarse el respeto universal. No hay nada más inadecuado que intentar importar a China las costumbres de Francia, Alemania e Italia. No importéis las costumbres extranjeras, sino nuestra fe, que no desprecia las costumbres o tradiciones de ninguna nación, siempre que no sean malas. Al contrario, sabe apreciarlas.

Su vida nos recuerda que la misión se lleva a cabo en la cercanía y el diálogo con las personas, y que esta actitud facilita el anuncio del Evangelio y su acogida por parte de los oyentes. En este proceso, Freinademetz es un ejemplo notable, como afirmó Juan Pablo II en la homilía de su canonización, el 5 de octubre de 2003:

> Con la tenacidad típica de la gente de montaña, este generoso «testigo del amor» se entregó a sí mismo a las poblaciones chinas de la región meridional de Shandong. Abrazó por amor y con amor su condición de vida, según

el consejo que él mismo daba a sus misioneros: «El trabajo misionero es vano si no se ama y no se es amado». Este santo, modelo ejemplar de inculturación evangélica, imitó a Jesús, que salvó a los hombres compartiendo hasta el fondo su existencia.

En este proceso, el primer paso fue aprender chino, vestirse como los chinos y alimentarse como los chinos. Pero el paso más importante fue la transformación interior, un proceso difícil y largo. Con el paso de los años, Freinademetz se fue adaptando a la cultura y la mentalidad chinas hasta el punto de sentirse a gusto entre la gente y considerar China como su segunda patria. Por eso, ya podía escribir a sus padres diciendo: «Por mi parte, deseo vivir y morir en China, si así lo quiere Dios» (19 de octubre de 1888), y en otra carta les decía: «Sabed que estoy muy bien, alegre y contento, esto es suficiente para vosotros» (8 de mayo de 1889).

Quiero seguir siendo chino en el cielo

Hace algunos años, en una entrevista, el escritor portugués Rentes de Carvalho dijo que para él, «hoy en día, los viajes son las personas». De hecho, es el encuentro con las personas lo que hace que los viajes sean ricos e interesantes. Cuando salimos de la comodidad de los circuitos turísticos y encontramos a las personas en los lugares donde viven, trabajan, practican su religión o se divierten, podemos conocer mejor otras culturas y religiones, cuestionar nuestros prejuicios, ampliar los horizontes de nuestra mente y aprender cosas nuevas.

José Freinademetz viajó a China por las personas y eso marcó la diferencia. Nunca olvidó ni dejó de amar sus raíces tirolesas y sus orígenes familiares y culturales, pero en su largo contacto con los chinos adquirió una nueva visión del mundo y de sí mismo, hasta el punto de querer seguir siendo chino también en el paraíso.

Algunos teólogos, como Jacques Dupuis, utilizan la expresión «doble pertenencia» como hipótesis para arraigar mejor el Evangelio en las diferentes culturas y cultivar el diálogo entre las religiones. Si la doble pertenencia parece difícil a nivel religioso, a nivel cultural existe esa posibilidad. Y en este campo, el ejemplo de José Freinademetz es paradigmático: se convirtió en chino de corazón sin dejar de ser tirolés. Las dificultades a las que tuvo que enfrentarse, los prejuicios que tuvo que desmontar y el arduo camino interior que tuvo que recorrer para conocer al otro –culturalmente hablando– en su diferencia, pueden inspirar hoy caminos de diálogo, respeto mutuo, colaboración y transformación espiritual entre personas y grupos de diferentes culturas y religiones.

El año en que profesó sus votos, José escribió a su familia diciendo:

> Os aseguro que amo a China y a los chinos y estoy dispuesto a morir mil veces por ellos. Siempre es posible que mi superior en Steyl me llame para volver allí, como ya he mencionado anteriormente. Le respondí que obedeceré hasta la muerte, pero que el mayor sacrificio que podría pedirme sería volver a Europa. Que se haga la voluntad de Dios y no la mía. Ahora que ya no tengo tantas dificultades con el idioma y que también conozco al pueblo y las costumbres chinas, reconozco a China como mi patria, como mi campo de batalla donde deseo morir. Os volveré a ver en el cielo con la ayuda de Dios. Si ahora regresara a Badia, ya sería casi un extraño. Llevo siete años en China y, si es la voluntad de Dios, me gustaría quedarme setenta (22 de marzo de 1886).

En otra ocasión, escribiendo a su hermana María, que había perdido a dos hijos a causa de la difteria, confiesa: «No sé si tendré la posibilidad de volver a verte, quiero vivir y morir con mis chinos» (16 de agosto de 1893). Y, en una carta a su amigo Francisco Thäler, afirma:

Por mi parte, siempre he amado a mis queridos chinos y no tengo otro deseo que vivir y morir con ellos. El número de nuestros conversos por la gracia de Dios sigue aumentando y, en medio de muchas tribulaciones, también somos ricos en consuelos. Ahora soy más chino que tirolés y quiero seguir siendo chino también en el cielo (9 de febrero de 1892).

Conclusión

En algunos países de África Occidental, es fre-
cuente ver coches y autobuses decorados con
proverbios inspirados en la cultura local o en
versículos de la Sagrada Escritura. En Ghana,
por ejemplo, se ven a menudo estas dos frases:
Gye Nyame y *Travel and See*. La primera significa que todo pasa, excepto Dios; la segunda es,
obviamente, una invitación a viajar y descubrir
el mundo.

Los viajes nos abren nuevos horizontes, nos
hacen cambiar de perspectiva, cuestionar prejuicios. No es lo mismo mirar el mundo desde
los centros del poder político, económico y
eclesiástico, que desde las periferias. El papa
Francisco ha desafiado a los cristianos a salir en
misión a las periferias, sobre todo las existenciales, para ver el mundo con otros ojos. En la
encíclica *Fratelli tutti* dice que:

> De todos se puede aprender algo, nadie es
> inservible, nadie es prescindible. Esto implica

incluir a las periferias. Quien está en ellas tiene otro punto de vista, ve aspectos de la realidad que no se reconocen desde los centros de poder donde se toman las decisiones más definitorias (n. 215).

Desde una perspectiva cristiana, la vida es una peregrinación de la tierra al cielo a través del mar de la vida. San José Freinademetz puede ser una inspiración y un apoyo para abandonar el terreno donde nos sentimos seguros y adentrarnos en nuevas situaciones existenciales donde podamos desarrollar plenamente nuestros talentos y dones, en definitiva, nuestra vocación humana y cristiana. Su vida es un ejemplo notable de las diversas etapas que los misioneros deben superar para ser fecundos en la misión. Freinademetz fue enviado en misión, partió, llegó a su destino y allí permaneció para siempre. Estas son las etapas de la misión desde los inicios de la Iglesia.

Ser misionero es ser enviado a anunciar el evangelio del Reino, siguiendo el ejemplo de Jesús. Enviado por el Padre para ser la luz del mundo, Jesús no vino a condenar al mundo, sino a salvarlo (cf. Juan 12,47), dando cuerpo a la profecía de Isaías (cf. Lucas 4,17-19): llevar la Buena Nueva a los pobres, anunciar la liberación a los prisioneros, dar vista a los ciegos, poner en libertad a los oprimidos y proclamar un tiempo de gracia del Señor. Después, Jesús envió a los discípulos en misión, diciendo: «Id, pues, y haced discípulos a todas las naciones, bautizándolos en el nombre del Padre, del Hijo y del Espíritu Santo, enseñándoles a cumplir todo lo que os he mandado» (Mateo 28,19-20).

El envío requiere, naturalmente, un segundo paso: partir. «Ellos se pusieron en camino y fueron de pueblo en pueblo anunciando la Buena Nueva y realizando curaciones por todas partes» (Lucas 9,6). Este paso es quizás el más doloroso, ya que exige dejar a la familia, los amigos, la seguridad adquirida de quien conoce el entorno en el que vive, el trabajo al que está acostumbrado y la carrera profesional. La partida exige una actitud de desprendimiento y la libertad para aceptar retos y sacrificios, como Abrahán, a quien el Señor dijo: «Deja tu tierra, tu familia y la casa de tu padre, y vete a la tierra que yo te indicaré» (Génesis 12,1-2).

La tercera etapa es llegar al destino y permanecer junto al pueblo. Alcanzar este objetivo puede llevar años, pero el resultado es indiscutiblemente positivo, como reconoce José Freinademetz en una carta a sus padres:

Por eso, os informo nuevamente que estoy absolutamente bien, contento, sano y feliz, y que no puedo agradecer lo suficiente al Señor, que me ha hecho misionero en China, no quiero estar en ningún otro lugar (7 de febrero de 1884).

China era su nueva patria y tenía a los chinos en gran estima y consideración. En una carta fechada el 8 de julio de 1884, de la que solo se conservan algunos extractos, afirma:

Los chinos son muy inteligentes, tienen buen talento, saben hablar como doctores, incluso los campesinos, todos saben hacer ceremonias refinadas y en esto superan a los europeos. Ellos mismos lo saben, por eso odian a los extranjeros y son orgullosos, son verdaderamente la primera nación del mundo, solo les falta el cristianismo.

San José Freinademetz terminó su peregrinación en este mundo el 28 de enero de 1908, en Taikia, víctima de la fiebre tifoidea. Ese día también concluía el camino misionero de Freinademetz: el camino de «partir» a «permanecer», desde su amada tierra en el Tirol hasta la antesala del cielo, en China. En 2025 se celebraron 150 años de su ordenación sacerdotal y, pronto (2029), 150 años de su partida de Steyl y su llegada a China. Muchas cosas han cambiado en la Iglesia, en China y en el mundo a lo largo de estos 150 años. Sin embargo, todavía podemos aprender mucho de su vida y su entrega a la proclamación del Evangelio. Su pasión por la misión, su fe inquebrantable en Dios y su generosa dedicación al servicio del pueblo chino son una inspiración para los misioneros de todos los tiempos.

Nota bibliográfica

Este pequeño libro no es una biografía, sino una interpretación personal y, por lo tanto, muy subjetiva de la vida de san José Freinademetz. La lectura de algunas obras importantes sobre el santo de Oies fue determinante para la elaboración de este librito. En portugués hay dos buenos libros: Carlos Pape y J. M. Vergara, *José Freinademetz. Um tirolês que amou os chineses*, Fátima 2000, y José Hipólito Jerónimo, *São José Freinademetz. A linguagem do amor*, Lisboa 2008. La traducción al inglés de la excelente biografía escrita en alemán por Fritz Bornemann, *As Wine Poured Out. Blessed Joseph Freinademetz SVD. Missionary in China 1879-1908*, Roma 1984, sirvió para confirmar o aclarar algunas fechas y acontecimientos de la vida de Freinademetz. La traducción al español del original alemán del libro de Sepp Hollweck, *El chino del Tirol*, Estella 2009, proporciona información importante sobre la vida y la cultura del Tirol en la época de Freinademetz.

La colección de cartas que Freinademetz escribió a su familia y amigos es un tesoro inagotable para conocerlo más íntima y familiarmente: Pietro Irsara (ed.), *Lettere di un santo. L'amore per il prossimo, la famiglia e la Badia*. La correspondencia epistolar entre José Freinademetz y Arnoldo Janssen: Richard Hartwich, *Arnold Janssen and Joseph Freinademetz. Correspondence Between Two Saints (1904-1907)*, Roma 2008, nos ayuda a comprender su papel como administrador y superior provincial de la SVD en China. La traducción al portugués de los extractos de sus cartas es de mi entera responsabilidad.

Las conferencias que Freinademetz dio sobre la eucaristía, en chino, están traducidas al inglés: Joseph Freinademetz, *The Most Holy Sacrifice of the New Covenant*, traducidas y editadas por Stanley Plutz, Tagaytay 1980.

Agradecimientos

Mi agradecimiento al P. Anselmo Ribeiro, Superior General de la SVD, que tuvo la amabilidad de escribir el prólogo en el que, de forma concisa, logró transmitir lo esencial de lo que he tratado de compartir a lo largo de muchas páginas. Mi gratitud también al P. António Leite, Secretario de Misiones SVD-Portugal, y al P. José Maria Cardoso, Superior Provincial SVD-Portugal, por el aliento que me dieron para que este libro viera la luz.

Quiero agradecer también a la Editorial Verbo Divino y, en especial, a su director, el P. Guillermo Santamaría, por aceptar la propuesta de publicar esta pequeña obra sobre nuestro santo Freinademetz en español.